U0907692

油气开发资源计划指标体系

李家强　赵益民　秦宗瑜　编

中国纺织出版社

图书在版编目(CIP)数据

油气开发资源计划指标体系 / 李家强,赵益民,秦宗瑜编 .—北京:中国纺织出版社,2017. 3

ISBN 978 -7 -5180 -3503 -8

Ⅰ. ①油… Ⅱ. ①李… ②赵… ③秦… Ⅲ. ①油气田开发-计划指标-体系-中国 Ⅳ. ①F426. 22

中国版本图书馆 CIP 数据核字(2017)第 075902 号

责任编辑:范雨昕

责任设计:鸿儒文轩 · 金子

中国纺织出版社出版发行

地址:北京市朝阳区百子湾东里 A407 号楼　邮政编码:100124

销售电话:010—67004422　传真:010—87155801

http://www. c-textilep. com

E-mail:faxing@ c-textilep. com

中国纺织出版社天猫旗舰店

官方微博 http://weibo. com/2119887771

三河市华东印刷有限公司　各地新华书店经销

2017 年 5 月第 1 版第 1 次印刷

开本:650 × 940　1/16　印张:16. 25

字数:175 千字　定价:49. 80 元

目 录

第一章　概　论

第一节　资源计划指标体系的重要性

石油天然气是重要的战略能源，在国民经济中占有十分重要的地位，油气生产的管理需要一套完善的计划、控制、统计、预测体系，从而实现对油气开发、建设、生产、处理、维修、销售的精细化管理。传统体系中是以国家全面指标指令性计划为主，随着市场经济的深化，油气企业管理从以往的生产型逐步转向效益型，管理体系转向了国家生产经济指标指导性计划和企业内部的弹性计划管理，在当前以经济效益为中心、突出企业主营业务竞争力的改革背景下，石油天然气生产企业如何制订科学合理的、效益为先的资源计划管理体系极其重要。

资源计划工作是企业管理工作的重要组成部分，是企业组织、领导和监督生产经营活动、保障企业持续发展的重要手段。所谓资源计划就是对未来经济活动的安排，拟定规划方案，通过中长期发展计划、年度实施计划等手段来调动、利用、协调各种资源实现规划目标。计划和市场都是调节经济运行的重要手段，两者各有各的功能，互相结合和互相补充。传统的生产经济指导计划存在经营目标不突出的缺陷，导致向上级争指标、争项目、要资金的现象。

油气公司特别是国企已不单是生产者，更是经营者。投资来源。从以往的向国家要钱转变为经营者自筹资金，转换经营机制、突出效益目标成为必然，在这种形势下，资源计划工作也要转变观念，由过去的生产型计划转变为效益型计划。以经济效益为中心，围绕着经营任务和市场需求，对企业的人财物的使用、产供销经营活动和企业的利益分配进行统筹规划、科学计划，从而达到合理利用资源，增强市场竞争力，获得最大利润的目的。企业层面通过计划部署实现持续发展战略目标，油气公司则使用具体的资源计划指导各部门、各项目实现生产目标、效益目标。

第二节　油气公司资源计划的编制依据、编制原则及工作任务

一、油气公司资源计划的编制依据

1. 依据总部经济发展目标

油气公司企业计划是确立中长期发展战略和各子公司年度的生产、投资、成本、效益各项目标，是油气公司编制计划的重要依据。

2. 依据市场需求

市场需求的变化经常带来油气产品的市场波动，供求变化的规律必然制约企业自身的发展，所以编制资源计划要重点研究分析石油、天然气的需求变化趋势和油气的价格走势。油气产品的供需关系、技术服务市场等信息，为资源计划的编制提供可供选择的依据。

3. 依据油气公司现有的资源条件

为了充分利用内部条件，挖掘内部潜力，要对科研、技术、地面系统的现状、存在的问题及能力进行认真分析。正确评估目前的管理、技术水平和各种资源的保障状况，特别是地质资源的现状和发展前景。要仔细调查分析油气公司职工素质、技术人员状况、资

金筹措和物资准备等情况。在充分分析现状的基础上认真总结、分析生产建设中存在的问题和困难，做到心中有数。能力分析主要针对现有生产能力、装备的技术水平、产能结构、技术经济指标水平等进行核实和计算，为编制计划提供可靠的依据。

外部环境主要考虑钻井、作业、安装等施工能力与施工条件，以及需要引进的国内外油气勘探开发技术、装备的发展应用情况。

二、油气公司资源计划的编制原则

1. 统筹兼顾、全面安排

统筹兼顾、全面安排，是计划管理工作的要求，也是制订油气公司生产建设计划必须遵循的原则。制订计划的过程，实际上是正确处理计划期内油气公司各方面矛盾的过程，要处理好各方面的矛盾就必须统筹兼顾，全面安排。

要解决好技术、资金和后备地质储量与开发量的矛盾，资源计划必须做到需要和可能兼顾、上游和下游兼顾、供应国内市场与出口兼顾、重点和一般兼顾以及眼前利益服从长远利益。

重点和一般兼顾是指安排计划时既要保证重点，又要照顾一般。没有重点就没有政策。无论是新区的勘探开发计划，还是老区的挖潜改造，基建计划均存在重点和一般的关系，计划应该向重点倾斜。

2. 提高经济效益

工业建设中的经济效益是指要用最优的投资达到预定的建设效果。经济效益是生产建设中社会经济效果（产出）与社会劳动耗费（投入）的对比，要用较少的投入来达到一定的产出，或是用一定的投入达到较大产出。还要在生产建设中节约投资、降低消耗，保障经济效益，以提高油气公司盈利水平，为石油工业扩大再生产及国民经济的发展积累资金。

影响经济效益的因素有外部因素和内部因素两种。从外部看，影响经济效益的主要因素有：勘探开发风险的大小、技术装备的先进程度、国家的有关政策和社会环境等。从内部看，主要因素有：经营管理的水平、计划是否切合实际、基本建设投资是否得当、资金占用多少和原材料的节约浪费等。制订和实施资源计划时，要充分考虑影响油气公司经济效益的各种内外因素。

油气公司在制订计划时，从组织、管理、方案选定到计划实施等各方面都要求体现效益，既要努力提高企业效益，又须考虑社会效益。在实际工作中，要把经济权力、经济责任和经济利益结合起来，资源计划要适应企业转换经营机制的需要，落实和改进承包经营责任制，并努力推进技术进步，提高经济效益。

3. 科学决策

计划工作是一项科学性很强的工作，计划一经决定、并付诸实施，就会对企业生产建设产生决定性影响。因此，在编制计划时要结合生产建设的特点，充分运用经济手段，如价格、税收、信贷、利息等因素，进行市场预测和营销分析，在科学论证的基础上进行决策。

4. 认真贯彻民主集中制

计划的集中是建立在高度民主的基础上的，例如石油地质勘探计划方案，可以博采众长，同时提出几个方案，以便从政治、经济和技术方面充分加以论证，权衡利弊得失，从中选择最优计划方案。凡属计划中一些较重大的问题，应该采取非常审慎的态度，按照民主集中制的原则，经过集体讨论，做出正确决定。油气公司在编制计划的时候，要认真听取下属单位的意见，然后再集中决策。计划一经批准，就要实行集中领导，各级要统一计划，一致行动。所以，民主集中制是计划科学性的组织保证。

三、油气公司资源计划工作的任务

资源计划工作的具体任务主要是要做好以下几方面的工作：

1. 提出企业的发展方向、目标和任务

根据国家政策导向，结合企业的特点，特别是石油、天然气资源开采的特点，提出企业的发展方向、目标和任务，选择最佳实施方案，制订切实可行的政策、措施，推动企业生产建设和经营活动的稳定发展。

2. 合理安排人力、物力和财力

合理安排利用企业的人力、物力、财力资源，挖掘内部潜力，搞好企业内、外协作，搞好综合平衡，使企业生产建设各个环节协调运行。

3. 加强市场预测

充分利用市场供求信息和价格、税收、金融等经济杠杆，加强市场预测，把握市场导向，不断增强企业活力和竞争力，扩大市场销售，增加利润收入。

第三节　资源计划的体系和内容

一、资源计划体系的职能及分类

资源计划一般包含三类职能。一是油气生产指导职能，即生产计划，包括地质勘探、开发生产、储运销售等。二是产能建设指导职能，即产能建设计划，包括勘探、钻井、完井作业和地面安装等。三是生产保障指导职能，即系统配套计划。包括设施改造、生产配套和非经营性配套等。这三方面职能既有物质生产领域，又有非物质生产领域。因此，油气公司的资源配置计划必须由反映各方面活动的计划所组成，也就是通常说的生产经营建设计划。同时，为了对整个油气公司的生产和建设进行有效的计划管理，也需要把资源计划分为若干组成部分。资源计划的各个组成部分各自处于不同的地位，解决着特定领域或环节的计划管理任务，并且它们又相互联系，相互制约，形成了一个有机而完整的体系。这就是计划体系。

1. 以时间为序划分

以时间为序列可分为长期计划、中期计划、年度计划和季月度计划。长期计划一般期限是 10 年或 10 年以上，也称远景规划。它的任务主要是规定石油工业全行业和企业在一定期限内的发展方向、发展规模和基本目标以及应采取的发展战略和方针政策。由于计划的时间比较长，不确定性的因素较多，因此它是一个纲领性、轮廓性计划。但是，它在计划体系中对中期计划、年度计划起导向作用。

中期计划，一般期限是 5 年。国家组织的“五年计划”是石油工业发展的基本计划，是企业制订内部发展计划和生产指导计划的基础。它是联系长期计划和年度计划的纽带，具有落实长期计划战略任务、指导年度计划的作用。

年度计划和月（季）度计划都是短期计划，它是中长期计划的行动计划。目前，国家和部门下达的计划都是以年度计划为主。油气公司的年度计划是根据石油工业“五年计划”确定的指标，结合油气公司生产建设发展状况、市场情况，以取得最佳经济效益为目的而编制的。在年度计划中，应确定主要的产品产量、品种和质量，建设项目和技术改造项目，新技术推广项目，主要的技术经济和效益指标。企业年度计划还要作出分季、分月安排，并编制月（季）作业计划，以进一步落实年度计划。

2. 以计划的内涵划分

以计划的内涵为序列可分为综合计划和专业计划。

综合计划是反映企业基本生产、经营、建设等环节各项控制指标的计划。一般由企业的计划部门负责编制。专业计划是反映企业专业生产情况的专项计划，一般由企业专业部门负责编制。

上述各种形式的计划之间是密切相关的，依所述顺序，前者是后者的依据，后者是前者的继续和具体化；前者是后者的实现目标，后者是前者的执行手段。计划工作必须搞好衔接，以保证油气公司生产和建设协调地发展。

二、资源计划的指标体系

资源计划的目标和任务是通过一套科学完整的计划指标体系和文字说明两种形式具体化的。因此，一套完整的企业计划必须包括这两部分内容。计划指标是计划任务的具体化和数量的表现，它通常由指标名称和指标数值两部分组成。指标名称反映被表现对象的具体特征，指标数值反映被表现对象的数量状况。它可以是绝对数，也可以是相对数。文字说明主要是对企业生产经营活动的分析和估计、对计划管理的要求，以及对相应方针、政策和措施的说明。

科学完整的计划指标体系，必须满足企业计划管理的需要，能够全面、准确地反映企业生产经营活动情况。因此，计划指标的设计要科学合理，即指标的概念、含义要确切，计算范围要明确，计算方法要科学、切实可行。同时应尽量和统计指标、会计指标相衔接，以减少编制计划中所需资料收集和处理的工作量，提高工作效率。

计划指标按其性质和表现形式，可作如下分类。

1. 按指标反映的内容分类

按指标反映的内容可分为数量指标和质量指标。

（1）数量指标：是反映石油工业生产规模和发展水平的指标，一般用绝对数表示。如计划期内新增油气探明储量、新增油气生产能力、原油产量等。它的作用是规定石油工业在计划期内，生产建设活动各个方面在数量上应达到的要求，反映生产建设活动成果。

（2）质量指标：是反映生产建设效率、资源利用水平和经营管理质量的指标，一般用相对数表示。如原油统配商品率、探井成功率、万吨原油产能的钻井口数（进尺）及投资额、劳动生产率、油井利用率、设备和材料利用率、能耗降低率、资金利用率等。设置质量指标，有助于改进产品和工程质量，提高人力、物力、财力资源利用程度，以便提高经济效益。

2. 按指标表现形式分类

按指标表现形式可分为实物指标和价值指标。

（1）实物指标：是指按事物的自然属性和特点，采用自然或物理计量单位表示的指标。如以吨表示的原油产量、以立方米表示的天然气产量、以台、套表示的设备数量等。实物指标是计算价值指标的基础，在计划中用来确定各个方面的生产建设任务。

（2）价值指标：是用资金单位表示的价值量指标。如工业总产值、净产值、工资总额、成本、利润等。这是进行综合平衡和考核比较重要的指标。价值指标有两种表现形式。一般以现行价格计算，用以反映计划期内各种经济变量的相互关系，便于进行横向经济关系的分析研究；有的要用不变价格计算，用以反映不同计划期经济变量的变化趋势、发展速度，便于进行纵向经济关系的对比分析。

三、资源计划的主要指标

1. 产销量指标

是指计划期内生产的合格产品的实物量，主要包括以下内容。

（1）原油产量指标指计划期内生产的并进入集输系统的原油总量。含水原油应折合为净原油计算，通常以万吨为单位，是反映石油生产规模的主要指标。

（2）商品量和商品率企业生产的原油，大部分按企业下达计划的商品形式销售，这部分原油产量称为商品量。商品量占总产量的比例即为统配商品率。商品量或商品率是反映生产与销售匹配优劣的重要指标，商品率高意味着企业生产的原油产品消耗较低、销售收入相对较高。

（3）天然气产量和商品量天然气产量指天然气或伴生气在计划

期内进入集输管网和被利用的总量。商品量指可供销售的天然气量，通常用立方米表示。

（4）其他产品产量包括凝析油、液化气产量、原油稳定处理量，天然气处理量以及销售量指标等。

2. 勘探和建设技术经济指标

主要包括新增油气探明储量，新增油气生产能力，勘探开发钻井工作量等。

3. 发展经济指标

按照计算范围的不同，可分为总产值、商品产值和净产值。

总产值是以资金表现的企业生产的各种产品的总量。目前按“工厂法”，用不变价格和现行价格计算。总产值反映一定时期企业生产发展的总规模、总水平。用不变价格计算的总产值主要是用以对比不同时期发展速度。为计算劳动生产率和其他经济指标提供依据。

商品产值是商品产量的价值，一般按现行价格计算。

净产值是企业生产活动新创造的价值。油气公司净产值采用分配法计算，计算公式为：

工业净产值 = 产品销售利润 + 产品销售税金 + 工资总额 + 职工福利基金额 + 利息支出 + 其他

净产值可确切地反映企业物质生产单位新创造价值的多少及对社会的贡献，是国民收入的一部分。

经营增加值（EVA）又称作经营利润，体现企业资本创造的增量效益。

EVA = 税后净经营利润（NOPAT） − 资本成本 = 税后净经营利润 − 调整后资本 × 平均资本成本率。

其中：NOPAT = 净利润 + 少数股东损益 + 财务费用 ×（1 − 所得税率）

调整后资本 = 平均所有者权益 + 平均少数股东权益 + 平均负债合计 − 平均无息流动负债 − 平均在建工程

平均无息流动负债 = 平均流动负债合计 – 平均短期借款 – 平均一年内到期的长期负债

平均资本成本率按相关要求统一核定，平均占用资本项目按照当年 12 个月的加权平均值计算。

4. 工作量指标

它是反映地质勘探、钻井、油田建设等方面计划期内工作任务所使用的指标，分实物工作量和价值工作量两种。

实物工作量是有关方面工作任务的实物量，如探井、地震剖面长度、试油层数、开发井口数及进尺、管道长度等。

价值工程量是实物工作量的资金表现，比如作业费、修理费、投资等指标，一般按定额价格计算。

5. 经济效益指标

它是反映油气公司生产建设活动、经营成果和经济效益的综合指标。

（1）原油销售收入及吨油利润即按照销售期原油价格计算的营业收入，每吨原油实现的利润。

（2）对基本建设经济效果规定的指标包括探明每 1 万吨原油地质储量或 1 亿立方米天然气地质储量的地震测线、探井口数，进尺及投资；每建 100 吨原油生产能力或 1 亿立方米天然气生产能力所需探井数、进尺及投资；平均每口探井（或每米探井进尺）控制的地质储量；平均每口生产井（或每米生产井进尺）新建生产能力；每建 1 万吨轻烃回收能力所需投资；固定资产交付使用率；未完工程资金占用率；新增生产能力交付使用率；单位生产能力平均投资；大中型建设项目投产率；平均建设工期；达到设计能力时间（月）；房屋建筑面积竣工率；投资回收率；经济增加值等。

6. 其他指标

包括质量、品种、物资消耗、劳动生产率、成本、利润等方面指标。

四、资源计划的主要内容

资源计划是油气公司生产经营的重要组成部分，也是企业编制劳动工资计划、财务成本计划、物资采购、电力配置、运输管输等一系列计划的主要依据。年度计划的内容比较多，其中主要包括石油天然气勘探计划、固定资产投资计划（包括基本建设计划、油田更新改造和维护计划）、原油生产计划、天然气生产计划、石油钻井工程计划、石油井下作业工程计划、油田建设工程计划。

第四节　资源计划的综合平衡

一、综合平衡的根本问题

所谓综合平衡，就在于协调生产和需求之间、生产和资源之间、生产与经营之间、投资与成本之间的各类矛盾，使油气再生产能够正常进行，发展目标、发展过程和效益之间实现总体协调。就具体油气勘探开发来说，要根据上级计划的要求和企业生产管理实际，协调安排生产经营活动的相关资源，使之保持相适应的关系，尽可能争取好的经济效益。

资源计划涉及生产建设、科学技术及人财物、产供销等各方面，它们之间相互依存，又相互制约。所以，资源计划的综合平衡就是把油气公司生产经营建设活动作为一个有机的整体，全面分析和处理各方面的活动以及各环节之间的内在联系，针对暂时出现的不平衡，挖掘企业内部潜力、组织新的平衡，使企业资源得到充分利用，生产建设活动能够协调地进行。

二、综合平衡的原则

综合平衡过程实际上就是正确处理各种技术经济矛盾的过程，就是调节各方面关系，使油气公司生产和经营持续、稳定、协调地发展的过程。在实际工作中，一般有以下几项原则：

1. 全局出发、统筹兼顾

油气公司是由许多技术经济单位组成的有机整体，各个单位担负着生产建设环节的不同任务。各个单位、各个环节在发展中必然出现矛盾，产生不平衡，只有不断解决这些矛盾，使之相对平衡，才能使油气公司生产协调地发展。例如油气产量必须根据储量的增长、建设的能力和储采比来统筹安排，否则就会严重影响石油工业的发展。这就要求在油气公司的各个责任单位、各个生产建设环节按比例地分配人力、物力和财力资源，以保证油气公司发展所需要的新的平衡。

2. 前后衔接、动态调整

油气开发过程是一个连续不断的过程，必须瞻前顾后，要把当前需要和长远需要、目前利益和长远利益、中长期计划和短期计划结合起来，保持油气公司生产发展的连续性，如油气公司生产和勘探、开发、建设之间的矛盾，油气公司生产建设和环境保护之间的矛盾等。要正确处理这些矛盾，就要做到前后结合、两者兼顾。同时油气开发生产与建设又存在许多不确定性因素，比如市场油价、环保政策、采购周期、气象环境等变化造成原定计划的延迟、变更，所以也需要根据具体的变化对计划进行及时修正调整，确保计划目标的实现。

3. 重点和一般相结合

重点和一般相结合是综合平衡的一个重要原则，该原则在石油工业发展中是具有决定意义的原则，或者叫主导原则，要重点保证，切忌片面性。比如，在正确处理勘探、建设和生产之间的关系时，应把石油资源勘探放在首位，逐步调整并保持合理的采收率、储采比等。

4. 严格标准、留有余地

综合平衡要留有余地、留有后备，而不能留有缺口。留有余地就是指计划指标不应定得过高，而应大体符合实际，使计划在执行中有争取超额完成的余地，在物力、财力的分配使用上也要有必要的后备。石油工业是一种高风险的产业，不确定的因素很多，尤其是石油地质勘探更为显著。留有余地，不是放慢速度，而恰恰是为实现石油工业持久的发展提供可靠的物质、技术基础。当然在平衡过程中，更不能留有缺口，不能降低标准，特别是不能因为控制投资规模而降低安全、环保等法定标准。留有缺口的计划是不平衡的计划，降低标准的计划是短期行为的计划，一定要强调计划的科学性。

三、综合平衡的内容

资源计划综合平衡的内容取决于计划的期限和综合的程度。主要有以下几项内容。

1. 资源与目标间的平衡

（1）储采平衡。首先要保证储量增长高于产量提高的速度，始终保持合理的储采比。其次，要根据油田剩余经济可采储量，安排合理的采油速度，延长油田稳产期，提高最终采收率。

（2）产销平衡。企业应根据政府调配或者市场需求，制订合理配置计划，安排好销售和运输流向。

（3）产供平衡。主要是指油气生产目标与生产所需的电力、主要化学药剂、外输外运能力等客观条件的平衡，以保证油气生产的顺利进行。

（4）成本与利润平衡。企业要对各种产品、工程的成本进行认真测算，准确预测市场价格，使产量、成本、利润相适应，确定目标成本，保证目标利润的实现。

（5）资金与成本平衡。生产建设资金除部分自有外，主要靠银行贷款、发行债券和股票，投资与运营中要详细计算好资金成本，计划好还款，不同资金的使用必须按规定使用并保持来源与去向、借款与还贷之间的平衡。

（6）建设与供应的平衡。平衡投资建设项目实施计划制订时要做好材料设备供应平衡，包括各种原材料、基建材料、设备、燃料以及其他能源，在品种规格、数量、质量、供货期及售后服务上应与生产建设任务配套，保持建设进度、效果与采购、储备之间的平衡。

（7）建设维护与所需设备的平衡。在勘探、开发和生产中需用大量技术水平先进的设备，在尽可能减少占用、确定合理设备配备标准的基础上，应做好生产建设任务与所需设备之间在数量、性能、技术水平等方面的平衡，为生产发展提供先进的物质技术。

2. 能力与任务之间的平衡

油气公司承担着国家能源计划任务，石油产品也在逐步走向市场。能力与任务、资源相平衡是谋求发展目标与外部环境、内部条件相适应的主要方面。这就要求石油工业生产能力与生产任务相平衡，勘探能力与储量增长任务相平衡，建设力量与油田建设、矿区建设任务相平衡，竞争能力与市场目标相衔接，自我发展能力与发展目标相一致，还要注意生产与产品销售在数量、时间进度方面的衔接。在综合平衡中，要正确评价企业素质和能力，保证完成国家计划，力争实现市场发展目标，为国家、社会做出更大贡献。

3. 企业内部各单位、各环节之间生产能力的平衡

油气公司生产过程十分复杂，企业内部生产能力配套是提高生产率和经济效益的基础，主要做好以下平衡：

（1）各主要生产环节之间，即勘探、开发、建设、生产、储运

之间的平衡。

（2）地下储量与地面设施之间的平衡。

（3）原油、天然气生产在油气田开发不同阶段与其他产品生产之间比例关系的确定。

（4）供水、供电、机修、运输、通讯等辅助生产与基本生产之间的平衡。

（5）不同专业工种间生产能力的平衡。

（6）生产建设任务与生产技术准备之间的平衡。

（7）外协任务和社会协作可能性的平衡。

（8）质量、数量和时间进度方面的平衡。

（9）经济效益与企业发展之间的平衡。

企业要在坚持国家产业政策、企业长远发展目标、企业当前经营目标三者协调的原则指导下，合理安排投资、生产、销售和消费的比例，使企业经济效益与发展需要相平衡。

4. 长期计划与短期计划之间的平衡

长期计划所规定的目标，只有经过短期计划的周密安排才能实现。对于石油工业来说，勘探、开发、建设周期长，所以，油气资源勘探、开发和其他生产准备工作的前期工作很长，做好长期计划与短期计划及不同时期计划之间的平衡和衔接，极为重要。

四、综合平衡的方法

1. 图表法

图表法包括衔接法和表格法。

（1）进度衔接法：即对与计划有关的部门在时间进度上的衔接进行平衡。通常用线条图（甘特图）、PERT 网络图和随机网络图等形式表示，主要用在以下几方面。

①各专业部门、单位之间的进度衔接平衡，包括钻井、油建和投产的衔接，生产与机修、物资供应等方面的衔接，生产技术准备

的衔接，财务收支进度的衔接等。

②企业内外的进度衔接平衡，包括原材料、配套件与能源的供应、运输的衔接，外购设备的交货期与工程进度的衔接，外委施工作业与企业内部生产施工进度的衔接，产品出厂与销售、运输的衔接等。

③级与下级的进度衔接平衡，主要是油气公司内部各部门在工作上与国家计划在勘探、生产任务、生产时间、长远发展方向等方面的衔接。

（2）表格法：常用于任务、资源分配中的综合平衡。通常用表格的形式，从纵横两方面分析来源与去向，在表中进行试算平衡。

2. 数字测算法

这种方法是根据收集的基础资料，对不同指标分别加以测算，然后将相关指标进行直接对照。当不能取得平衡时，调整参数试算平衡后再制订有针对性的措施，保证措施与指标之间的平衡。

3. 定性分析法

在综合平衡中，除采用数字定量的核算平衡外，有些问题难以定量表示，如工人技术等级与生产需要之间的平衡问题，技术开发能力与开发计划间的平衡问题等。这些问题只有用定性的文字分析形式，才能说明它们彼此之间的内在联系和相互适应程度。但是，这种定性分析说明要深入实际，进行调查研究，找出计划中的关键问题，恰如其分地分析说明。

4. 定量分析法

在综合平衡中，常用的定量分析有线性规划、投入产出分析等。

（1）线性规划在一组线性等式或不等式的约束条件下，求解线性目标函数的最大值或最小值的方法。线性规划用于油气公司生产计划工作，可以通过建立和求解数学模型，使计划方案优化，即在原材料供应、设备能力、资金、劳动力等条件的限制下，求得既能满足社会需要，又能使企业获得良好经济效益的计划方案。线性规划主要作用是对有限资源进行优化配置，对生产任务进行合理分配。

（2）投入产出分析是研究经济体系中各个部分间投入产出的相互依存最常用的一种数量分析方法。投入是指产品生产所消耗的原材料、燃料、动力、固定资产折旧和劳动力；产出是指产品生产出来后的去向、流向，即使用方向和数量。投入产出法的主要内容是编制棋盘式的投入－产出表和建立相应的线性代数方程体系，构成一个模拟现实的经济结构和社会产品再生产过程的数学模型，用以综合分析和确定各经济部门间错综复杂的联系和再生产的重要比例关系。

5. 市场预测法

加强市场的预测工作是十分必要的。关于预测的内容大体有：市场需求预测、价格预测、资料预测、新技术新工艺发展预测、竞争环境预测、社会环境预测、发展趋势预测等。预测的方法主要有以下几种：

（1）调查分析法，即对收集到的信息情报和调查的资料，用定量分析的方法进行反复测算和研究，作出最后的目标预测判断。

（2）主观概率法，即对所预测的某变量未来若干个可能数值求其概率分布，然后根据这个概率分布来计划置信区间。比较常用的一种方法是中位数提问法。

（3）朴素预测法，又称朴素模型预测，是指用简单的统计模型进行预测。它包括不变值预测、等差变动预测、等比变动预测、平均增减量预测和平均增减率预测等。

（4）模型预测法，是指用统计模型方程求解进行预测。统计预测的模型种类很多，大致有 10 种：固定平均数模型，直线趋势模型，非直线趋势模型，直线回归模型，非直线回归模型，自回归模型，周期性季节模型，趋势季节模型，随机正态模型，滑动平均随机模型。

第二章　中长期发展计划

第一节　中长期发展计划的意义、任务和作用

一、中长期发展计划的意义

油气公司长期发展计划的主要任务是提出油气公司的经济、生产、科学技术、社会事业等长远发展方向、目标、重点和布局，以及基本方针和步骤。油气公司中期发展计划的主要任务是确定计划期内石油产品的生产发展目标、发展的规模速度、投资规模和石油勘探、开发、建设的比例关系，提出勘探、开发、生产、建设、科学技术发展，以及管理体制改革等方面的重要计划指标、重大政策和措施。

油气公司的中长期发展计划是指导、组织、调控和管理油气公司经济活动的主要形式，它对保证油气公司的健康运转和生产、经济活动进入良性循环具有重要的意义和作用。

1. 长远规划、力保后备资源

石油天然气资源深藏地下，因此石油天然气的勘探、开发具有较大的地质风险。为了更好地寻求石油资源，必须从长远规划出发，妥善部署勘探重点地区和接替地区。长远规划重点在于地下资源动用和地面系统的匹配，力保后备资源对油气生产的发展和稳定起到支持作用。

2. 组织协调生产建设衔接

石油天然气从勘探到制订开发方案、建成生产能力、到正式投入生产，需要一个较长的过程，必须由中长期计划组织和调控生产建设进度。一旦油（气）田投入生产后，又必须随着原油、天然气生产的自然递减速度进行采油、采气方案的调整，采取各种有力的工艺和技术措施，力保油（气）田的长期稳产和高产。因此，从油田投产以后就需要根据油藏动态制订长期稳定措施和方案，使生产保持良性循环。

3. 保证高科技的引进、开发

石油天然气的勘探和开发需要现代高科学技术和高工艺技术的支持，高科学技术的引进、开发，高工艺技术的试验和推广及重点项目的研究和攻关都需要妥善的中长期发展计划安排才能予以保证。

4. 保证资金的投入

石油工业是资金密集型工业，不仅石油天然气的勘探、开发需要投入大量的资金，重点保障骨干工程、关键工程的投资，按年度根据勘探、开发、地面设施的实施进度筹措在建项目资金，在油气田建成投产后，为维持简单再生产还要不断地投入资金。这样巨大的资金投入是油气公司中长期发展中必须解决的重大问题。没有资金的保证，规划和目标是不能实现的。

5. 制订长期发展战略计划

建立社会主义市场经济新体制，要求企业必须学会适应千变万化的市场，并参与市场竞争，为了应付风险，避免损失和确保环境变化时有回旋余地，也为了抓住机会，求得较大发展，企业必须有一个长期的发展战略计划，以指导经济运行。

综上所述，油气公司的中长期发展计划越来越显示了它的重要作用，只有中长期发展计划能承担解决企业战略发展的重任。企业的成长、发展和自我完善只由中长期发展计划予以指导、组织和保证。

二、中长期发展计划的任务

一般讲，中长期发展计划的基本任务是要解决两个根本性的问题：一是设定企业的未来目标和发展方向；二是为企业未来发展目标和方向拟定实施的途径和办法。油气公司的中长期发展计划的具体任务表现在以下几个方面：

1. 研究和确定油气公司的发展战略

油气公司要根据国家产业政策、市场需求和本企业远景制订长期发展战略，结合本企业的资源条件、特点和具体情况，制订自己的中期发展战略。企业的发展战略包括石油天然气发展战略、油气深加工和伴生资源的利用战略以及企业的业务多元战略。

2. 制订油气公司内部各专业的发展方针，组织资源接替和优化资源配置

随着油田开发各阶段的发展变化，油气公司内部各专业的发展也必须随之调整，例如石油天然气勘探与开发的比例关系，以及石油天然气勘探开发与钻井、井下作业、机械修造和后勤辅助部门等的比例关系。随着油田寿命周期的变化，接替资源的开发，企业的人力、物力和财力资源的利用需要重新组合和优化配置。

3. 做好综合平衡

做好综合平衡工作，进行经济总量控制，切实做好发展生产、多元开发、综合利用的综合发展。合理筹措和利用资金，保证资金平衡、信贷平衡、收支平衡、物资平衡，不留缺口。

4. 促进市场体系的发育

促进油气公司内部市场体系的发育、完善和发展，积极开拓国内市场和国际市场，建立产品、技术、劳务和服务、资金的多元市场结构，使油气公司适应市场运行规律，为油气公司的发展积极创造条件。

第二节　中长期发展计划的编制原则

一、中长期发展计划的编制原则

油气公司在制订中长期发展计划时必须遵循计划工作的基本原则，以保证计划工作有一个正确的工作方法。

（1）坚持着眼于长期持续稳定发展，大力加强油气勘探，提高油气田开发水平，努力增强石油工业的发展后劲。

（2）坚持把提高经济效益作为各项工作的中心，控制投资规模、加强科学管理，提高质量、降低消耗，做到少投入、多产出。

（3）坚持把发展科学技术与人才培养放在重要的战略位置，大力推进科技进步，加快人才开发。

（4）坚持改革和对外开放，进一步增强自我发展的生机和活力。

（5）发扬顾全大局、艰苦创业精神，勤俭办企业，在过紧日子中求发展。

二、中长期发展计划编制应注意的问题

1. 勘探先行

石油工业的发展必须坚持勘探工作先行，以新增储量保证石油工业的简单再生产和扩大再生产的实现。油气资源不可再生，油田一旦开发，随着油气采出量的增加，可采储量的消耗，油田从高产期、稳定期、减产期直至枯竭，这是人力无法挽回的过程，油气公司必须努力寻找新的接替资源，以新增的储量弥补资源消耗，并以储量的增长保证石油工业的产量增长。

2. 以主导产业为基础

石油工业的发展必须以主导产业的稳定、完善和发展为基础。

油田的主导产业是构成油田勘探、开发、建设等作业能力的产业，是保证石油工业发展的技术力量。老油田不能因为进入中后期开发，生产技术结构改变而忽视主导产业的技术改造和完善，应该把主导产业建设成新区勘探开发的技术基地，并应继续增强实力，为进入国际技术合作市场打下坚实基础。

3. 油气生产与资源的综合利用

坚持油气生产与资源的综合利用并重，努力提高资源开发的综合经济效益，把下游产品开发和伴生资源的开发作为搞活大型油气公司的重要经济源泉。

在注水开发油田的全过程中，开发试验的作用，主要表现以下五个方面。

（1）认识油田基本特点。开发初期，要解决好开发油田和认识油田的矛盾，为确定油田开发方针，认识油田投入程序，编制出油田开发方案，为做好油田正式投入开发的技术准备提供依据。

（2）提前暴露注水开发中的矛盾。多油层油田早期注水开发会出现什么问题？哪个是影响开发效果的主要问题？要通过开发试验，提前暴露矛盾，并寻找改善开采效果的工艺和调整措施。

（3）掌握油田注水开发全过程的动态变化规律。认识不同类型油层，注水开发全过程的生产特点和动态变化规律，预测注水采油的最终采收率，为编制油田合理的阶段生产规模提供依据。

（4）决定油田开发调整工作的部署。多油层油田，一般在开发的中后期，都需要针对已动用的油层和未动用的油层，部署加密调整井，包括层系调整、加密调整、更新调整等，进一步改善开发效果，提高油田采收率。

（5）筛选提高采收率的方法。经过室内研究，任何有效的提高采收率的方法，都必须进行现场试验，从技术上和经济上加以认识。

开发试验是贯穿于油田开发过程的重要组成部分，为油田开发各个阶段提供可靠的依据，所以，这是合理开发油田的基本工作。

第三节　中长期发展计划的内容

油气公司中长期发展计划是战略性的和综合性的计划。按照国家关于计划形式的有关规定，油气公司的中长期发展计划分为长期战略发展计划和五年计划两种。

一、油气公司长期发展计划的内容

油气公司的长期发展计划是一种纲领性和战略性的计划，它的期限是10年或更长时间。它的作用是为油气公司的长远发展提出方向、目标、发展重点和生产力布局。在油气公司的长远发展计划中要为油气公司确定基本的发展方针、政策和步骤。因此它的内容包含两个主要组成部分：

1. 企业发展方向、战略发展方针和战略总部署

（1）企业发展方向。企业发展方向说明企业未来生产经营活动的发展范围和生产经营活动的领域。油气公司大多数是大型联合企业，实行的是一业为主，即以石油、天然气勘探开发为主，综合利用，多种经营，全面发展的经营方针。这就把油气公司生产经营活动的覆盖面从单纯石油、天然气生产扩展为既搞上游油气生产，又搞下游的油气加工和伴生资源的综合利用和开发；既从事主导产业和与油气生产相关的产业生产，又发展多种经营。

（2）战略发展方针。战略发展方针是说明实施战略的方向，例如绿色低碳发展、安全清洁发展、改革推动发展等等。油气公司今后发展中的一切政策、措施和计划都要围绕着这一总的战略方向来制订和实施。

（3）战略总部署战略。总部署是为了实现战略发展方针而制订的战略措施和方案。油气公司围绕设定的战略总部署，结合本企业

的具体情况，设定自己的战略部署。

2. 企业经济发展总目标、重点和布局

（1）发展总目标。油气公司的长期发展计划中确定的主要任务和发展总目标是表明油气公司综合素质指标，它包括以下六个方面的指标：

①石油天然气储量指标主要从数量上规定计划期末应该达到的探明石油地质储量和控制储量。

②石油和天然气产量指标是从数量上规定计划期末应该达到的原油产量和天然气产量。

③科学技术水平发展指标要规定计划期末石油工业总体上和个别企业总体上要达到的科学技术发展水平，同时还要特别规定石油勘探、开发主体的科学技术发展水平。

④经济效益指标一般可根据油田企业的具体情况确定不同的指标内容，总的来讲应该包括利润、企业经营增加值、产值、销售收入、上缴税金和创汇收入等。

⑤管理体制和运行机制主要提出提高企业管理素质的要求和管理体制的改革与转变经营机制所要达到的目标。

⑥精神文明建设是社会主义企业特有的指标，它的目的是要建立起一支有高度社会主义觉悟的、思想好、政策性强、作风正派，能打硬仗的石油职工队伍。

以上六项指标既包括生产经济性目标，也包括非生产经济性目标，既有数量性指标，也有质量性指标。但是无论哪一种指标都只是规定计划期末预期达到的水平，而不再划分年度目标。

（2）企业经济的发展重点和布局。企业经济发展的重点和布局是依据已确定的企业战略发展总部署、生产经营特点和内部产业结构等具体情况确定的。目前油气公司内部一般划分为石油地质勘探、油田开发生产、天然气开发生产及利用、石油钻井工程、石油工程建设、石油装备和机械制造、炼油化工、油气运输与销售、多种经营等部门。这些部门的经济发展和布局又是以石油地质勘探为龙头，以原油和天然气生产为重点相应安排各自的发展重点和布局。

二、油气公司的中期发展计划的内容

油气公司中期发展计划即五年计划应当是长期计划的分阶段实施计划。油气公司编制的五年计划，是长期规划的阶段性实施计划，应该从发展的战术决策、计划方案和实施进程上保证长期计划的战略方针、战略部署，指导政策和战略目标得以实现。一般来说，五年计划结构和内容与长期计划大体应该是一致的，所不同的是阶段性的计划指标应该更加具体，实现的措施应该更加实际，在进度上应该有分年度的实施目标和措施保证。五年计划又是年度计划的依据，因此五年计划的翔实程度是从具体到一般的过程。从一般规律来讲，五年计划的近期目标比较具体，随着进度时间的推移，不确定性因素逐渐增加；随着不可预见性的加大，计划指标的弹性也相应增加，刚性随之减小。因此，五年计划的编制应该本着留有余地，适时调整的原则，把计划的严肃性和灵活性结合起来，以利于指导年度计划的编制。

1. 油气公司五年计划的主要内容

油气公司五年计划的主要内容包括：发展方针；五年计划指标；五年计划工作部署和技术发展政策；五年计划实施的主要措施保证；五年计划经济效益指标。

2. 油气公司五年计划主要组成部分

油气公司五年计划主要包括：石油地质勘探计划，油田开发生产计划，天然气发展及利用计划，石油钻井工程计划，石油工程建设计划，石油装备和制造计划，炼油和化工生产计划，油气运输与销售计划，安全治理计划，环境保护计划，科学技术发展计划，物资采购计划，对外经济技术合作计划，投资和投资结构计划（资金筹措和使用），经济效益计划（资金、成本、利税），企业管理改革与体制改革计划等。

第四节　中长期发展计划的编制程序和依据

一、油气公司中长期计划的编制程序

1. 编制计划的指导思想、基本原则、主要任务和具体要求

根据企业管理体制，实行统一计划、分级管理、分层决策、权责一致的原则，企业根据油气公司现状分析和对未来发展要求，提出油气公司编制中长期发展是计划的主要任务和具体要求，其中包括发展规划纲目和计划表格要求。编制计划的具体要求包括以下内容：

（1）各油气公司五年计划和长期计划的主要任务和发展目标。

（2）五年计划及长期计划的文字内容及形式，参考《中长期石油工业发展规划纲目》要求编写。

（3）上期五年计划完成情况分析（按统计数据为准）。

（4）五年计划和长期计划（十年）的附表。

（5）五年计划和长期计划（十年）的上报份数和上报时间要求。

2. 自下而上逐级编制并呈报计划草案

油气公司的中长期计划草案应当在计划期一到两年前开始编制。在编制过程中要取得企业的指导以便协调事业部之间、企业之间、企业与总部之间的各种关系，进行整体的综合平衡，使计划的各种指标经过反复论证更具有可行性。油气公司的中长期计划草案，要在规定的时间内，上报总部，并按规定抄送有关部门。

3. 自上而下下达正式计划

油气公司的中长期计划由企业批准下达，各油田组织实施。在

计划期开始后，各级计划方案批准之前，企业可以暂时按上报的计划草案组织实施。

二、油气公司中长期发展计划的决策程序

油气公司的中长期发展计划必须坚持计划的科学决策和民主决策原则，以避免由于主观片面导致的重大决策失误以及由此造成的重大经济损失。中长期发展计划中的重大问题、重要指标和建设项目等，都必须按照下列程序和要求进行决策。

（1）调查和研究。由有关部门、单位或专门研究机构，进行系统和全面的调查研究，提出有充分根据的建议和方案。

（2）论证和评审。组织有关部门、地方和专家进行可行性研究和经济效益分析，并对方案进行全面的审查和评价。

（3）比较和择优。对关系重大的政策、措施和建设项目，应有两个以上的方案，权衡利弊，择优选用。

（4）审核和批准。经过充分论证的方案，应由计划部门进行综合平衡后，严格民主程序，按规定的审批权限审核和批准。

上述的计划决策过程的各个环节，都必须建立相应的责任制度。任何单位和个人都不得违反程序进行决策和越权决策，否则其决策无效，并依法追究责任。

三、油气公司中长期发展计划的编制依据

油气公司的中长期发展计划都必须依照需要与可能来编制。所谓需要，是指企业对企业发展的要求，市场发展对企业产品的要求，企业自身成长壮大的要求以及市场潜在的需求。所谓可能，是指企业内部潜力，如油气资源潜力，科学技术发展潜力，可动用的人力、物力和财力等。此外，可能性还包括国家政策的鼓励和限制，进出口贸易的机会等。

第五节　中长期发展计划的执行和调整

一、计划的检查

在计划执行过程中计划部门要定期对计划执行的进度、执行中出现的情况和问题进行研究，提出协调的方案和措施，对计划和执行给予指导。计划部门对计划实施的监督和检查主要围绕以下内容进行：

1. 对计划执行情况进行检查

首先，计划部门要根据有关规定，对执行单位提供必要的保证条件和必要的协调服务工作。其次，也要督促执行单位采取一切有力措施予以完成，要积极协助执行单位克服执行中遇到的困难和各种不利因素，创造条件，使计划得以实现。

2. 对保证计划实施而制订的各种政策和重大措施的落实情况进行检查

当执行中因发生新情况，而使已制订的措施不适宜时，要及时调整措施，保证计划得以顺利执行。

3. 对政策和法规执行情况进行检查

检查计划执行单位贯彻国家政策和法规的情况，对执行国家政策不力、违反安全环保法规或违法经营的行为要严肃批评和处理，确保基层单位合法经营。

4. 对统计数据和报表进行检查

认真检查计划执行中的各种统计数据和报表，严禁弄虚作假和虚报隐瞒，确保计划的严肃性。

二、计划的调整

石油工业是风险性行业，已经确定的勘探、开发方案常常与勘探开发的实际结果产生差距，必须随着石油勘探、开发的实际进程来调整计划指标和计划方案。因此，油气公司的计划工作者必须正确认识计划执行与计划调整的辩证关系，通过调整来完善计划。

但是，这并不是说油气公司中长期计划没有科学性和严肃性，计划的调整也不是随意性的，只有在实施过程中遇到特殊情况，才能对计划进行调整。同时，对需要调整的计划也要进行科学的论证和可行性研究，属于上级主管部门管理的计划指标，须经有关主管部门审查批准后，才能执行。

油气公司的中长期发展计划只有在下述情况下才能予以调整。

（1）目标区块或项目经过详细勘探没有发现工业性油气流，必须改变勘探部署的项目，调整计划。

（2）已发现工业性油气流，并准备开发的油田，由于油层地质条件或资源条件劣化，试油试采过程中出现大幅度递减的，必须调整开发方案的计划。

（3）出现了良好的含油前景，有利于找到大规模的油气聚集区，从而加速油气公司生产发展速度的新探区，在原定勘探计划中未列入重点项目的，为了尽快地形成有利的石油接替资源，需要重新调整勘探战略部署。

（4）老油田出现了产量急剧递减，综合含水率急剧增加，实施了各种采油措施后仍不能达到稳定条件的油田，其计划产量指标无法保证的，需要调整计划。

（5）因遭受重大自然灾害，如地震、水灾等影响了正常生产建设项目的，需要调整计划。

第三章　石油天然气勘探计划

第一节　石油天然气勘探概述

一、石油天然气勘探的特点

石油天然气是埋藏在地下的一种资源。人们运用各种手段，发现这种资源的数量和质量的过程，称为石油天然气勘探。

石油天然气勘探是一门综合性很强的应用科学，是通过预测调查和分析，按照一定规律和方案进行找油找气的系统王程，石油天然气勘探工作，具有以下特点。

1. 长期性、反复性和阶段性

为了找到可供商业性开采的石油和天然气，人们需要对地下情况进行反复调查、研究、实践与认识，所以油气勘探具有长期性、反复性和阶段性。石油天然气深埋地下，是漫长地质历史的产物，人们既不能用肉眼直接进行观察，又不可能完全在试验中模拟，只有利用地质、地球物理、地球化学、钻井、测井和试油等技术手段找到油气田，但其过程往往需要较长时间，一般要几年，十几年，甚至要几十年，所以它具有长期性，如美国在阿拉斯加州，经过30年的勘探，才找到一个北坡油田。

由于地球表层分布的不均质性，石油天然气的地下储存量也是不均匀的。这样，就给找油找气带来了很大困难，再加上受到技术条件和经济条件的制约，要找到一个商业性的油气田，往往要反复实践，反复认识。因而，它具有反复性。

2. 风险性

石油天然气行业普遍具有风险性，勘探行业的风险性尤为突出，因为各地区的地质条件只有相似性，而无同一性；影响油气藏分布的未知因素常有数十种甚至数百种；每个地区的各种条件都存在多解性，特别在勘探初期，人们对探区地质情况认识不够清楚，预测推理的前提不能完全肯定，因而预测推理的结论不尽完全可靠。因此，石油天然气勘探既是一种科学探索，又是一种生产经营活动，与一般工厂生产概念有着很大差别，它的风险极大。

它的风险可以概括为地质风险、经济风险、技术风险和政治风险。

（1）地质风险指一个勘探项目可能找不到油气或找不到具有商业价值的油气田。

（2）经济风险指从总的方面来讲，能否找到石油天然气具有很大的经济风险。按照国际惯例，每钻 11 口探井，有 1 口探井发现石油天然气，这个勘探项目就算成功，那么，其余 10 口探井就可能是干井。一个勘探项目，全部是干井的可能性，也是存在的，所以经济风险很大。与此同时，作业成本和国际市场油气价格的变化，也会给勘探项目带来一定的风险。

（3）技术风险指因技术设计、施工和操作条件等因素的变动给勘探项目造成的风险。特别是新探区，由于对地下情况了解不多，往往极易造成技术风险。

（4）政治风险主要指在国外从事合作勘探开发工作，由于东道国的选举、政变、革命和群众压力而更迭政权所造成的风险。

3. 投资密集性

从事石油天然气勘探要求运用地球物理、地球化学、钻井、测试和后勤服务等多种工艺技术，而且要求不断运用各种新技术。因此必须投资购置大量地震、钻井、测井、试油和运输等设备仪器，勘探事业是典型的资金密集型工程。

4. 技术密集性

勘探成果是伴随高新技术应用而来的，一种新装备或新工艺技术的出现，决定或改变着油气勘探的方式并可扩大对新领域的勘探。如有了钻井和测井技术的提高，新的钻井设备和测井技术的应用，就有可能对深层和超深层油藏进行勘探。数控测井仪及数字解释的应用，使裂缝性储集层及复杂岩性储集层的测井技术趋于成熟，为较准确地计算储量提供了依据。

二、石油天然气勘探的任务

石油天然气勘探的根本任务是以经济的方法和尽可能高的速度，大幅度地增加油气储量，以适应国民经济发展的需要。

1. 储量分级分类的作用

油气田从发现起，经过勘探到投入开发，大体经历勘探、评价、钻探和开发四个阶段。根据勘探、开发各个阶段对油藏的认识程度，应将石油、天然气储量划分为探明储量、控制储量和预测储量三级。

各级储量和资源量是一个与地质认识、技术和经济条件有关的变数。石油、天然气勘探开发的全过程实际上是对地下油、气藏逐步认识的过程，也是储量计算的精度逐步提高和接近于客观实际的过程，不同勘探开发阶段所计算的储量精度不同，因此，在进行勘探和开发决策时，要和不同级别的储量相适应，以保证获得最佳经济效益。

2. 探明储量

（1）探明储量是在油田评价钻探阶段完成或基本完成后计算的储量以及在现代技术和经济条件下可提供开采并能获得社会效益和经济效益的可靠储量。探明储量是编制油田开发方案、进行油田开发建设和投资决策的依据。

（2）探明储量按勘探开发程度和油藏复杂程度分为以下三类。

①已开发探明的储量（简称Ⅰ类），指在现代经济技术条件下，通过开发方案的实施，已完成开发钻井和开发设施建设，并已投入开采的储量。该储量是提供开发分析和管理的依据，也是各级储量误差对比的标准。

②未开发探明储量（简称Ⅱ类），指已完成评价钻探，并取得可靠的储量参数后所计算的储量。它是编制开发方案和进行开发建设投资决策的依据，其相对误差不超过±20%。

③基本探明储量（简称Ⅲ类），含多油层系的复杂断块油气田、复杂岩性油气田和复杂裂缝性油气田，在完成地震详查、精查或三维地震，并钻评价井后，在储量计算参数基本取全，含油面积基本控制的情况下所计算的储量为基本探明储量。该储量是进行滚运勘探开发的依据。在滚动勘探开发的过程中，部分开发井具有兼探的任务，应补齐和算准储量的各项参数。在投入滚动勘探开发后的三年内，复核后可直接升为已开发探明储量。

3. 控制储量

控制储量是在某一圈闭内预探发现工业油气流后，以建立探明储量为目的，在评价钻探过程中钻了少数评价井后所计算的储量。该级储量经过地震综合勘探和新技术查明了圈闭形态，对所钻的评价井已作详细的单井评价；通过地质、地球物理综合研究，已初步确定油气藏类型和储层的沉积类型，并大体控制了含油气藏类型、储层的沉积类型、含油面积和储层厚度的变化趋势，并对油藏复杂程度，产能大小和油气质量等工作已作出初步评价。

控制储量可作为进一步评价钻探、编制中期和长期开发规划的依据。控制储量在该地区进行重大开发建设投资所依据的储量（探明储量加控制储量）中所占比例应严格审核，以减少投资风险。

4. 预测储量

预测储量是在地震以及其他方法提供的圈闭范围内，经过预探井钻探获得油气流、油气层或油气显示之后，根据区域条件分析和类比，对有利地区按容积法估算的储量。该圈闭内的油层变化、油水关系尚未查明，储量参数是由类比法确定的，因此可估算一个储量范围值。预测储量是制订评价钻探方案的依据。

5. 滚动勘探开发

（1）滚动勘探开发问题的提出。对复杂断块油气田和其他复杂油气田不能采用简单的勘探程序和做法，采用一种新的方式，称滚动勘探开发，主要对象是复杂油气田和断块油田。

复杂油气具有多层系含同种或多种圈团类型叠合连片，富集程度不均匀，油气水纵向、横向关系复杂等特点。由于这种复杂的油气聚集带或油气埋藏不可能在短期内认识清楚，为提高经济效益，对不同类型的复式的油气聚集带有整体认识后，可不失时机地先开发高产层系或高产含油圈团。在进入开发阶段以后，还要对整个油气聚集带不断扩边、连片，加深勘探，逐步将新的含油气层系和新的含油气圈闭分期投入开发。这种勘探与开发滚动式前进的做法，称为滚动勘探开发。主要目的是提高勘探开发的经济效益。

（2）滚动勘探开发的程序。一个复杂构造或地层－岩性圈闭或断裂带获得工业油流后，通常采用以下的工作步骤。

①地震细测在预探井出油后，按照地质评价远景的好坏程序，考虑是否进行地震精查与细测工作。对油层厚、试产高、区域成油条件优良的构造带，可直接上三维地震，对中等或较差的构造带，则应查明断块及岩性变化，为顺利地进行滚动勘探开发创造条件，提供构造—岩性圈闭图件和油气藏分布情况的信息，为滚动勘探开发能达到较高的成功率奠定基础。

②评价与开发结合，开发主力区块以主力油层为目标，对含油

较富集的主力区块规划部署一次开发井网。但其实施要分批进行，按照由“已知到未知”的原则，进行“爬行式”打井，并在一些井中系统取心，系统测试，逐步形成生产能力。同时对新块进行预探，并逐步投入评价开发，直到所有较大的断块都陆续投产为止。滚动开发井中要选一些井系统取心，取心进尺要占总进尺的1.5%～3%，油气层参数要尽量取全，为计算探明储量提供依据。

③完善开发系统在断块油田全面开发以后，仍需继续进行勘探，以完善开发系统，做好油田的稳产工作。同时对新层系、新区块进行再认识、再勘探。已经开发多年的老油田，因断块岩性复杂，许多油层的识别评价、断层组合、岩性变化规律等问题并未完全解决，存在着挖潜、找新储量的极大可能性。要通过进一步的勘探，找较多的储量，从而使老油田的油气产量有新的增加。

第二节　石油天然气勘探计划的任务、内容及编制依据

石油天然气勘探工作是有分析、有预测、按照一定计划与方案进行的系统工程，油气勘探计划作为资源计划的重要组成部分，是组织和指导勘探工作的重要手段。

一、勘探计划的基本任务

以国家和油气田企业对油气储量的需求和油气勘探规划及上一年度的计划完成情况为依据，通过勘探任务（包括储量指标和地质任务）和勘探投资的平衡，规定石油天然气勘探工程各单项工程的投资和工作量，并通过石油天然气勘探计划的实施来完成储量任务和地质任务，从而达到提高投资效益的目的。

二、勘探计划的内容

1. 储量增长计划

规定勘探单位计划期内用限定的投资完成各等级储量的新增数、升级数，它是石油天然气勘探计划的核心。

目前，总部对从事石油天然气勘探的企业下达指令性考核的指标有以下内容：

（1）新增探明石油（天然气）地质储量指计划期内通过地质勘探工作，计划新增加的探明石油（天然气）地质储量，该指标是考核计划期内勘探效果的最主要指标。

（2）新增控制石油（天然气）地质储量指计划期内，通过地质勘探工作，计划新增的控制石油（天然气）地质储量。该指标是为保持地质勘探工作的连续性和资源接替而设立的考核指标。

2. 勘探部署计划

勘探部署计划是规定计划期内的石油天然气勘探主攻方向和工作目标的计划，按其任务和内容可分为：勘探总体部署、区域勘探部署、圈闭勘探部署、油气田评价勘探部署、勘探项目整体部署和勘探项目具体实施部署。

（1）勘探总体部署根据总部批准的企业五年勘探规划和总部下达的下一年度指导性计划指标，每年的第三季度开始编制下年度勘探部署。通过物探、测井、钻井、试油、地质研究各路专家总结上年度和预计本年勘探任务完成的情况，综合分析勘探形势，确定勘探总体部署原则、勘探的重点区域、圈闭，以及要完成的任务目标。

（2）区域勘探部署区域勘探的任务是：选凹、定带、搞清区域地质结构、油气生成和聚集条件，筛选出有利凹陷，评价油气聚集的有利构造带，提出预探井位，为进一步开展的油气预探工作做好准备，区域勘探是解决找油的战略方向问题，它的工作部署水平影响着勘探任务的完成，并对以后各勘探阶段的工作效果有着决定性的作用，区域勘探部署内容包括两部分：第一，物探部署，它是区域勘探的主要部分，部署全区重力、磁力、普查或地震概查，划分构造单元及查明二级构造带，提出参数井钻探方案；第二，区域探井部署，在掌握区域构造和二级构造带概况，预测相带和砂体的基础上进行的参数井部署。

（3）圈闭勘探部署和油气田评价勘探部署是勘探项目的总体部署，其中包括项目部署的目标任务和部署原则。

（4）具体实施部署包括地震测线工作部署，钻井工程部署，测井、试油工作要求。

3. 勘探项目计划

（1）勘探项目是以地质单元为对象，以不同勘探阶段的地质任务和油气储量为目标，其中包括物探、钻井、测井、试油和地质综合研究为主要内容的工程项目。地质单元可以是含油带区、含油气盆地、含油气构造或者是一个具体的油气田的油气藏。

（2）勘探项目总体设计根据总部批准的企业五年勘探规划，各勘探单位根据各自掌握的地质资料，编制包括地质任务、储量任务、总投资和总实物工作量的勘探项目三项报告，每年第三季度勘探项目主管部门组织召开地质论证会，根据总部下达的建议计划指标，研讨第二年度的勘探项目，通过各勘探单位各路专家群策群力，进行论证和评估，勘探主管部门进行综合平衡，按地质单元提出下一年度若干勘探项目。

勘探项目确立后，聘任项目经理，由项目经理组织有关地质研究人员进行项目总体设计。

（3）勘探项目的分类。勘探项目总体设计按不同的阶段和任务可分三类。

①以开辟新区为目的的区域勘探总体设计，设计对象是新盆地或大构造区，利用多种工程综合勘探。

②以发现新油气因为目的的有利地带和圈闭的预探总体设计，

设计对象是二级构造带、局部构造，或是一个油气圈闭。设计内容包括地震详查、探井部署、测井、试油要求等。

③以准备新油田开发为目的的油藏评价总体设计，设计任务是查明油田规模大小，为油田评价和开发做好准备。

（4）方案的内容，总体设计方案内容虽根据类型不同而有所变化，但一般应具有以下内容：

①项目名称，指以某地质单元命名的勘探项目。

②总体勘探设计的任务与目的：可用项目所处勘探阶段的任务与目标替代。

③总体勘探设计的地质根据：主要有地质构造情况及资料、生油层分布、资源评价、储量预测及相应的图件、数据表等。

④完成总体勘探计划所使用的技术方法，特殊工艺技术要求和工程质量标准（包括地质、物探、钻井、测井、试油等）。

⑤完成勘探计划需要投入的科研和施工队伍，装备、物资和设备解决程度。

⑥总体勘探设计预期的地质勘探成果。

⑦总体勘探设计的实施步骤、工程总体进度和分工程项目的施工进度。

⑧总体设计的经济效益分析。

⑨项目的风险性分析。

⑩总体设计投资估算，根据项目具体实物量和施工定额测算的物探投资、钻井投资和试油投资。

项目总体设计完成后，应按项目审批权限，报请主管部门审批，经审查批准的项目总体设计应作为企业上报建议计划和平衡投资的根据。

4. 勘探投资计划

勘探投资计划是以资金形式表现的、在计划期内进行的勘探项目工作量计划，主要包括勘探项目投资计划、物探工程投资计划、化探投资计划、钻井工程投资计划和资金来源计划等。

勘探项目投资计划是以勘探项目总体设计为基础编制的，以资金形式反映了勘探项目的物量投入，是编制勘探效益计划、年度平衡计划的依据。

物探、化探和钻井工程投资是以工程定额为基础编制的，不作为编制勘探项目投资计划的依据。

5. 资金来源计划

勘探工程是高投入工程，耗资巨大，其资金是由各种渠道筹措的，目前油气公司勘探资金来源主要有：国拨地质勘探事业费、储量有偿使用费、油田维护费、石油勘探开发建设基金、外资外汇贷款。

各种资金使用方向均有规定的要求：如地质事业费只能用于区域地质普查和勘探；油田维护费只能用于老油田扩边、老区新层系滚动勘探；外资外汇贷款只能按贷款合同规定使用。由于资金来源不同和所规定的要求不同，所以勘探投资计划应按项目、按资金来源编制。

6. 勘探效益计划

勘探效益计划是综合反映石油天然气勘探经济效果的计划，主要有以下几项指标。

（1）探明每万吨石油（每亿立方米天然气）地质储量所需投资。

（2）平均每口探井获得探明储量。

（3）每千米地震剖面获得地质储量。

（4）探井成功率。

除以上指标外，还有物探圈闭发现率、探井单位成本、地震单位成本、试油单位成本和钻井平均队年进尺等。以上指标将在以后各章节中分别介绍。

勘探效益计划不仅可用来反映计划年度地勘探效益应达到的水

平，而且是编制年度计划平衡勘探项目的依据。对预测经济效益好的项目企业应确保投资优先安排，以便达到预期目的，而对预测效益差的勘探项目，暂缓安排或不予安排，以确保勘探整体效益的提高。

其次，在编制各勘探项目总体规划时，勘探效益指标可用来对各勘探项目方案总体设计进行技术经济评价。

三、勘探计划的编制依据

计划执行效果如何，很大程度上决定于编制的计划是否符合客观实际，能否有效地指导工作。为了保证计划的编制质量，必须收集大量的信息作为编制计划的依据。编制勘探计划的主要依据有。

1. 上级下达的有关方针与政策

总部在下达各单位生产建设计划时，结合国家的有关政策、法令和国民经济发展规划和需求，提出编制石油天然气生产建设计划的方针、原则，这是编制生产建设计划的指导思想。各单位在编制勘探计划时，要结合本单位勘探工作的实际认真贯彻落实。

2. 长远发展规划和计划年度的勘探任务

企业五年计划和上级下达的储量指标、地质任务、勘探投资及实物工作量控制指标是编制年度勘探计划的重要依据。其中，以限定的投资完成既定的储量任务是计划编制的核心。

3. 勘探单位上年勘探工作总结和经济活动分析

由于勘探过程是一个对地下地质情况不断地进行认识的过程，所以勘探工作具有连续性，任何时期的勘探工作都具有承前启后的作用。因此，编制油气勘探计划首先必须对上期勘探工作进行认真总结，对上期勘探项目管理等经济活动进行细致分析。通过不断总结经验教训，提出计划年度的勘探主攻方向和工作目标，采取行之有效的措施，保证勘探任务的完成。

4. 勘探项目总体设计

在编制勘探计划之前，必须进行下一年度勘探项目的立项论证并编制项目的总体设计。

项目总体设计是在总结以往勘探经验的基础上，针对每个项目的具体情况编写的，它对于明确每个具体项目的勘探任务、目标和相应的工作量都具有指导意义。

5. 先进合理的勘探生产及费用定额

定额是编制计划和实行项目管理的基础，没有先进合理的定额就不可能编制出切实可行的计划。

勘探工作中应用的定额主要有：地震施工周期定额、分区地震单位成本定额、建井周期定额、分区钻井成本定额、试油周期定额、试油成本定额等。由于勘探队伍管理水平的提高新技术新工艺的采用、对地下地质情况认识的加深、计划期材料价格及各种税费的升降等原因，在编制计划以前，应由定额主管部门对上期执行定额进行必要的调整，确定本计划期的工程定额。

第三节　石油天然气勘探计划的编制

一、常规勘探项目计划编制程序

总部根据国家和油田的需要以及勘探开发五年计划，安排下达指令性控制指标，企业根据总部下达的控制指标，对计划进行综合平衡后上报，并与总部计划局和有关专业人士协商。据此，总部下达正式计划，企业根据总部下达的正式计划，编制实施计划，并上报备案。

总部下达的计划指标往往与企业的实际需求及能力有些差距，这就需要油田在有限的投资规模内，本着量力而行，量入为出的原则，统筹兼顾，综合平衡，确保勘探计划的顺利进行。企业勘探年度计划的编制程序就企业内部来说，大致可分为以下三个阶段。

1. 准备阶段（即计划前期工作）

勘探单位本阶段主要任务是调查研究，编制勘探项目三项报告，并报企业有关部门组织论证、审批，确立勘探项目，编制勘探项目总体设计。

2. 编制建议计划阶段

（1）计划部门根据勘探开发五年计划，油田原油生产和发展及资金筹措等情况，并与勘探主管领导和主管部门协商，草拟勘探地质储量目标计划、总投资控制指标和总的勘探工程量指标，如物探、三维地震工作量、探井总进尺等。

（2）勘探主管部门根据协商确定的勘探地质储量任务指标和工作量控制指标，对已经论证立项的各勘探项目，针对其预测新增储量及预测经济效益进行统一平衡，提交勘探项目计划。

（3）计划部门根据勘探项目计划方案，通过与勘探主管部门的再协商与平衡，确定勘探项目计划。

3. 计划确定阶段

建议计划编制完成后，经企业领导组织有关职能部门审定，正式行文上报总部，以上是企业上报总部的建议计划编制程序，总部下达控制指标后，企业将继续按以上第二、第三阶段程序进行，完成正式勘探计划的编报。

从以上计划编制程序看，油田勘探计划编制始终控制在总部下达计划指标之内，这就体现了需求和可能之间的矛盾，为解决这一矛盾，企业必须走提高效益的道路，力争以较少的勘探工作量获取更多的地质储量，所以企业对各勘探单位采取了下达储量任务和投资双向控制的方法，并在年初与之签定承包合同，促使各勘探单位集思广益，努力完成任务。为此，各勘探单位在编制勘探项目计划时是慎之又慎的，始终坚持节奏加快，程序不可逾越的原则，项目计划也要按程序编制。

二、滚动勘探开发项目计划编制程序

断块油田的复式油气构造断裂带的固有特征，决定了滚动勘探开发项目的长期性、连续性和复杂性，滚动勘探项目是以采油厂为依托的，企业对勘探项目组下达勘探储量任务，同时，给采油厂下达滚动勘探开发原油产能建设和生产任务。勘探项目管理组采用矩阵式组织，项目负责人承担双向风险与压力，滚动勘探项目的立项、计划编制与实施必须严格按程序执行，其程序包括：

1. 提交立项报告，编制总体设计

编制滚动勘探开发项目立项报告必须建立在区带滚动勘探开发规划的基础上，同时考虑三个原则：

(1) 突出三个层次，确保重点突破。滚动勘探三个层次是以滚动勘探落实圈闭，以滚动评价落实储量，以滚动开发抢建产能。

(2) 远近结合，满足采油厂持续稳定发展的需要。

(3) 加强效益观念，力争少投入、多产出，优质储量必须占有相当比重。

在以上原则基础上，决定立项报告的地质任务、储量任务、总投资及总工作量等内容。

2. 滚动勘探开发项目计划的编制

滚动勘探开发项目确立后，确定储量任务和总投资，然后主要是按照滚动勘探开发项目总体设计和项目组织实施，滚动勘探开发项目实施计划编制程序，从某种意义上讲，也是滚动勘探开发程序。

滚动勘探开发项目是以采油厂为依托实施的，多数项目采取打三合一井，集储量、产能、产量三位于一体，使勘探和开发具有不可分割性，大大增加了项目的风险程度，如果勘探效果不能符合勘探项目总体设计预测要求，将会直接影响到储量和产能，以及产量计划的完成，所以滚动勘探开发项目要严格按程序进行。滚动勘探开发项目实施计划是分勘探阶段编制的，第一阶段是滚动勘探，计划及实施任务是落实圈闭，工程计划是以地震资料解释和探井工程计划为准。第二阶段为滚动评价阶段，当落实圈闭的详探井见油后，断块即进入滚动评价阶段，计划及实施任务是落实储量，提供开发阵地。第三阶段为滚动开发，当评价井达到预期目的并与原总体设计预测基本一致则转入滚动开发，计划安排开发工程实施，计划及实施任务是完善油田评价，上报探明储量，建设原油生产能力。

在以上三个阶段计划实施中，信息反馈要贯穿始终，因为滚动勘探具有相当的风险性。如果某一阶段不能如期达到目的将直接影响后面各阶段的计划编制、实施及任务完成，所以一旦出现背离总体设计的预测目标，就要迅速改变方案，编制新的滚动计划，并在进行技术经济评价后付诸实施。

三、勘探计划的编制

1. 储量计划的编制

油气勘探的最终目的是为了获得石油、天然气储量，因此，储量增长计划是整个勘探计划的核心，而制约和影响储量指标的因素很多，计划部门必须进行各方面要素的综合平衡以后，才能最后确定计划期储量增长计划指标。

（1）计划期预测储量增长数同上级下达的储量增长计划指标之间的平衡。目前，总部对各油田的生产建设计划实行上下结合的办法。各企业在上报建议计划时要实事求是地反映企业对下一年度指标的意见，以便总部下达各油田正式计划时，能够根据全国各探区的情况进行综合平衡，使下达储量计划指标比较符合各企业的实际。

储量增长指标一经下达，勘探单位就要设法完成，从而保证整个石油工业持续、稳定地发展，如果企业预计完成储量小于国家下达储量计划指标，则说明勘探单位安排意见不能满足国家的要求。计划部门要与勘探项目主管部门及地质科研部门一起对下一年度实施项目进行进一步筛选，对部分项目的总体设计作进一步的补充完善，通过进一步的运筹、平衡，使勘探单位储量增长计划满足上级要求。

（2）为完成储量增长计划，油气公司所需投资与总部下达的勘探投资之间的平衡。油气公司在上报建议计划时，根据总部下达的各项建设计划指标，在对勘探、基本建设、油田维护与更新改造四大计划进行综合平衡的基础上，提出了勘探投资的安排意见。总部经平衡后下达的勘探投资计划往往低于油气公司的要求，在这种情况下，油气公司要通过进一步优化设计和精选井位，在保证储量增长任务完成的前提下，把投资需求控制在总部下达指标之内。

（3）储量增长计划与计划年度采油量及新建原油生产能力之间的平衡。计划年度新增可采储量（H）应大于年度采油量，其计算公式为：

$$H \geqslant \frac{H \cdot Er}{\text{年计划采油量}}$$

式中：H——储量计划指标，t；

Er——最终采收率，通常取 $Er=40\%$。

（4）计划新增探明与控制储量之间的平衡。为了保证勘探工作较好地衔接和为今后勘探工作的发展准备资源，控制储量的增长应与探明储量的增长保持一定的比例关系。计划年度新增控制储量一般应该大于新增探明储量的50%，因各油田情况不一，很难有统一的标准。

编制储量计划，除了要进行以上平衡外，还要进行施工工作量的平衡。总之，平衡内容是多方面的，但都必须以限定的投资完成储量任务，以便提高勘探的效益。

2. 勘探经济效益计划

计算勘探经济效益，主要有以下几个指标：

（1）探明每万吨石油（每亿立方米天然气）地质储量所需的投资是反映地质勘探成果的综合经济效益指标，是以探明万吨石油

（每亿立方米天然气）地质储量所耗费投资表示的。其计算公式为：

$$获得单位石油（天然气）储量所需投资=\frac{计划年度勘探总投资}{计划年度新增探明石油（气）地质储量}（万元/万吨、亿立方米）$$

$$单位投资获得探明石油（天然气）储量=\frac{计划年度新增探明石油（气）地质储量}{计划年度勘探总投资}（万吨、亿立方米/万元）$$

（2）平均每口（米）探井获得探明储量是反映勘探单位计划投入单位进尺（口）所获储量的大小。其计算公式为：

$$平均每口（米）探井获得探明储量=\frac{计划年度探明储量}{计划探井口数（米）}（万元/万吨、亿立方米）$$

（3）每公里地震剖面获地质储量是反映勘探单位计划投入每公里地震剖面所获储量的大小。其计算公式为：

$$每千米地震剖面获地质储量=\frac{计划获地质储量（探明+控制）}{计划完成地震剖面}（万吨、亿立方米）$$

（4）探井成功率是反映勘探单位部署准确程度的指标，表示计划期获得工业油气流的探井口数占完成探井口数的百分比。探井成功率计算公式为：

$$探井成功率=\frac{获得工业油气流的探井口数}{已完成的探井口数}\times 100\%$$

除此以外，反映勘探经济效益的指标，还有物探圈闭发现率、探井单位成本、地震单位成本、试油单位成本、钻井队平均队年进尺等。以上指标，将在以后各章中分别介绍。

第四节 石油天然气勘探计划的调整与考核

一、石油天然气勘探计划的调整

对所有勘探项目的具体任务和工作量进行全面平衡，确定每个勘探项目的具体计划指标，作为进行项目管理和项目考核的重要依据，并以企业文件形式下发执行。

1. 勘探项目管理

（1）建立勘探项目组勘探项目计划下达后，由企业主管勘探的副局长或总地质师与各个项目经理签订纵向承包合同，（依据是企业下达的项目计划）。而后由项目经理选聘人员组成勘探项目组。一个勘探项目实施过程中要涉及地质综合研究、物探、钻井、测井、试油等专业知识，一个完整的项目组必须由熟悉上述专业的人员构成，具体组成可根据项目组成员的知识结构来定。

（2）审慎决策，确立项目实施方案，决定勘探投资多少的关键是勘探实施方案与对地下客观情况的认识程度。

为了保证油气田勘探开发的顺利进行，各企业一般在物探公司、地质科学研究院等单位分地区设立研究室，对各个项目的勘探工作进行综合研究和指导，根据研究成果，提出探井井位，地震部署等方案。勘探项目组对勘探地质方案、部署、井位、设计等智力成果，要采取像对待钻进、试油等具体工程一样，实行有偿使用，优质优价，以调动各方面地质研究队伍的积极性，鼓励多交优质方案，多交优质资料，为优选方案多找储量创造良好条件。

由于项目组对勘探项目的经济效益负责，在具体方案选择上应慎之又慎，在众多方案中选择预期效益最好的实施方案。一般来讲，站在不同的角度，可以选择不同的方案。从项目组自身的角度出发，一般选择那些能够完成预期目标而投资最省的方案；从全局来看，希望能用一定的投资发现更多的储量，为油田发展积累后劲。项目经理在保证投资效益的前提下，尽量选择多完成储量和地质任务的方案，以达到最佳总体效益。

由于勘探的风险性和不确定性决定了勘探方案的变动性，项目组作为生产与研究的枢纽，应随时掌握项目动态，强化研究单位的跟踪分析，并根据项目实施的变化情况对原方案不断进行修整、完善，以期达到最好的效果。

（3）严格合同管理、加强质量监督、确保方案顺利实施。项目的实施方案确定后，要根据具体工作内容采取投标承包制等方法，分别与物探、钻井、试油等施工单位及物探公司研究所、计算中心、地科院等研究部门签订横向合同，使项目的各项具体措施的实施以合同的形式得以落实，并通过各个单项工程的实施，使项目目标逐步得以实现。

勘探项目组要善于当好甲方，要善于引导、组织、动员乙方去实现工作部署和方案目标，由专乙方多属石油系统内部单位，甲乙方都是油田的主人，目标比较容易统一，勘探项目组要取得乙方的有效合作。甲乙方要做到按合同上的规定协力搞好项目管理。

施工质量是实现方案目标的关键。要提高施工质量，一方面要加强对施工单位的管理教育，用一整套质量指标来控制；另一方面要强调加强甲方的现场监督。对每一个工程的关键工序，项目经理都要派出现场监督。现场监督对项目经理负责，代表项目组行使权力，主要任务是按照合同和设计要求，监督施工和质量，协同处理施工中出现的各类质量问题，有权制止不符合质量要求的施工行为，在工程完工后，现场监督向项目经理写出工程施工质量报告，作为工程验收的重要依据。

单项工程完成后，项目组要按合同规定的内容认真组织验收，对工期、质量资料等都要审核。根据验收结果，严格按合同兑现，奖优罚劣，把好单项工程的最后一关。

每个单项工程，比如一口探井，一个试油层完成以后，项目组要从地质、工程、经济、管理等角度认真进行分析。总结经验教训，以便在以后的工作中不断改进工作布置和工作方法，直至完成项目目标。

2. 勘探项目计划的管理

实行勘探项目管理后，必须继续加强勘探计划的管理控制协调和服务工作，实行勘探项目管理，为加强勘探的计划管理创造了更有利的条件。

（1）计划部门要转变职能，搞好服务实行项目管理后，项目经理和项目组对项目全面负责。计划部门要定期把项目的实施进度以统计报表的形式向项目经理进行反馈，以便于项目经理及时掌握项目进度，更好地作出下一步的部署。在编制季度施工计划时，要认真听取勘探项目主管部门和项目经理的意见，了解和掌握每个项目取得的进展和存在的问题，以便在季度计划安排上有针对性地调整部署，保证项目的顺利实施。

（2）计划部门要加强宏观调控。由于勘探工作具有探索性和风险性。在实施过程中，有的项目有重大突破，有望超额完成储量任务，而有的项目则很不理想。因此，在勘探总投资不变的前提下，在项目间进行适当的投资和工作量调整是必要的，计划部门要随时掌握各个项目的动态。一般勘探项目实施半年以后，根据具体情况，提出项目计划调整意见，经有关部门讨论通过后，以三季度计划下达执行。如有必要，四季度计划可再行调整。只有这样，才能真正行使计划部门的参谋作用，保证计划的全面完成。

第四章　固定资产投资计划概述

第一节　固定资产投资

一、固定资产的含义及其分类

1. 固定资产的含义

固定资产是企业资产的一部分，主要指劳动资料。确定某一物品是否是固定资产，主要取决于它在劳动过程中执行职能的特殊方式。同一台钻机，在钻机制造厂是产品，而在钻井队则是劳动资料，用来钻井，就成为固定资产。

为了便于管理和核算，财政部规定，工业企业固定资产是指使用年限超过 1 年的房屋、建筑物、机器、机械、运输工具以及其他与生产经营有关的设备、器具、工具等。不属于生产经营主要设备的物品，单位价值在 2000 元以上、连续使用期限超过 2 年的，也应当作为固定资产。

2. 固定资产的分类

根据工作的实际需要，选用不同的标志，可以对固定资产进行不同的分类，油气公司形成的资产主要由油气资产和一般固定资产两大部分：油气资产包括油气井、油气集输设施、输油气管线、炼化生产装置、储油设施、石油专用设备；一般固定资产包括施工设备、运输设备、动力设备、传导设备、通信设备、供排水设备、机械加工设备、工具及仪器、其他设备、房屋和一般建筑物。

二、固定资产投资的概念、构成及特点

1. 固定资产投资的概念

固定资产投资，从价值形态说，就是投入固定资产再生产的资金。作为一种过程，固定资产投资又是构建固定资产的经济活动。

2. 投资额的构成

固定资产投资额又称固定资产投资完成额，是以资金表现的固定资产建造、购置和安装的工作量，它是反映固定资产投资规模、速度、比例和使用方向的综合性指标。

投资额与财务支出是具有不同性质和内容的两个指标，在工作中不可混同，投资额是统计指标，按照形象进度和实物工作量以实时发生的为准。它不仅包括当年财务支出所完成的工作量，同时也包括动用以前年度购置的库存物资在本年所完成的工作量；而当年的基建财务支出是按照会计记账制为口径，只包括当年的实际支出，不包括以前的年度购置物资的支出。

固定资产投资额是由三种性质的内容构成的，即建筑安装工程量、购置设备器具和其他；与上述两项活动相联系的其他投资工作。

（1）建筑安装工程量也称建筑安装工作量，它包括建筑工作量和安装工作量。这部分投资需要兴工动料才能完成，是固定资产投资的重要组成部分。

（2）设备、工具、器具购置这部分投资只涉及购置活动，不包括安装工作量，对新建项目或扩建项目的新建车间（包括新开发的油气田及新组建的各种队），按照设计和计划要求购置或自制的全部设备、工具、器具，不论其是否达到固定资产标准，均应计入“设备、工具、器具购置”中。

（3）其他指不属于上述两项的技术服务、征地补偿等投资完成额，还应包括税收、贷款利息等必不可少的费用。

3. 固定资产投资的特点

（1）石油、天然气储量是生产能力建设的地质依据，也是编制计划的主要依据。进行石油、天然气生产能力建设，编制投资计划，要考虑多种因素，如石油工业中长期发展计划，国家下达的年度产量指标、市场情况等。但是，最基本的依据还是石油、天然气储量。如果储量不落实，地面建设搞得再好，也难以发挥效益，可能造成巨大浪费。

（2）石油开采企业的简单再生产需要多次投入。油田开采达到一定阶段，地层压力减弱，油气储量减少，生产能力自然递减，为了弥补递减，就需要加大投入量，打加密井、调整井、注水井、进行配套的公用工程调整，用固定资产的扩大再生产维持油气产量的基本稳定，这是油气开发固定资产投资与其它生产活动投资最显著的区别。

（3）油气资源状况对投资效果影响明显。资源状况是指油层厚度、油层埋藏深度、油藏物性，油气资源所处的地理位置等情况，原油和天然气埋藏在什么地方，在地下处于什么状态，这是不以人的意志为转移的。从经济地理的角度看，经济发达地区的油气田比边远地区的油气田占有更多的地理优势，因而会首先得到开发利用，但是，总的来说，不同类型的油气资源只要其开采成本不超过社会可以接受的限度都是我们开发利用的对象，不同地区、不同状况的资源，开采难易程度不同、产量不同、输送距离长短不同，其投入产出比也有很大差异，这种因资源优劣造成的收益差别，可称之为级差矿利。

三、投资方向的宏观调控

对固定资产实行宏观调控是建立社会主义市场经济的客观要求，投资规模、投资结构是宏观经济影响全局的重大问题，固定资产投资规模的大小取决于国家、企业的财力、物力和人力的承担能力，即主要根据国力的可能来确定。

在投资规模确定的条件下，要提高投资效果，就必须确定合理的投资结构，掌握好以下四个比例：

（1）生产性固定资产与非生产性固定资产的投资比例。

（2）各专业系统配套之间的投资比例，比如勘探与开发、产能与配套等。

（3）自有资金与贷款的投资比例。

要实现投资结构的合理化，就应该逐步完善投资机制，发挥市场引导作用。但是，更主要的是，国家的产业政策和投资政策要从宏观方面对投资行为进行引导。

第二节　固定资产投资计划的作用及编制

一、固定资产投资计划的作用

固定资产投资计划的作用主要体现在以下几方面：

1. 确定投资规模

投资具有两重性，一方面它为以后的生产建设奠定了物质基础，同时又是一种长期资金垫支行为，受资金和物质等客观条件的制约，投资规模过大或过小都不利于经济发展。投资计划的作用在于，它可以从战略发展的高度，统观全局，在总结过去、预测未来、反复论证的基础上，将投资规模限定在积极可行的范围内，从而求得各种经济关系的协调互补。

2. 调节投资方向

其实质是将有限的资金投向对实现战略目标贡献较大的项目，也就是通常所说的保证重点照顾一般。无论从全国范围来看，还是从一个部门、一个企业来看，都存在投资方向的问题。

以石油工业来说，勘探和开发的关系，新区建设和老区建设的关系，东部地区和西部地区的关系，生产建设和非生产建设的关系，生产和科研的关系，都是不可回避的问题。整个石油工业是一个大系统，它的各个子系统，勘探、开发、开采、储存、输送、炼制，形成一个紧密衔接的系列，相互间是协作配合的关系。在投资资金一定的情况下，又存在此消彼长的矛盾关系。因此，必须把握好投资使用方向，使各部门协调发展。

3. 提高投资效果

这是贯彻投资活动始终的一条主线，主要是指总体投资效果。有些项目，从局部看效果不错，但从总体看，占用了重点项目的资金，拖延了总体投资效果的发挥，是不可取的。投资计划之所以能够提高投资效果，主要是它使投资具有预见性，避免了投资的盲目性，在计划制订过程中，进行了物资、资金、劳动力等内容的综合平衡，从而使投资活动建立在可靠的物质基础之上，避免了停工待料、临时调整等不正常情况带来的损失。在计划的实施过程中，要进行控制与管理，以计划目标统帅各有关方面的行动，避免因各行其是带来的消极后果。

二、资金来源和使用

要做好资金筹措工作。企业资金筹措的来源主要有两个方面：一是企业本身所拥有的内部资金，二是通过申请国家拨款、贷款、发行债券等办法，筹措到的外部资金。所谓内部资金，主要是指企业的自有资金。企业筹措的外部资金以满足企业投资所必须的最低需求量为适度。如果盲目筹措，造成资金积压，必然增加企业的利息负担。同时，企业筹措资金还应把利息高低作为选择资金来源的主要标准，尽量使用利息率低，对企业有利的资金来源。

油气公司固定资产技资的资金来源主要有以下几种：

1. 国家财政拨款

属国家预算内直接安排的投资，只限于老国企承担的科学研究、学校、社区等非盈利项目。公司化改革后，国家财政拨款已经很小。

2. 各种贷款

贷款是企业筹措投资资金的一个重要来源。其特点是申请贷款时必须向银行出具物资保证或法律保证，必须按贷款合同规定按期还本付息。

3. 企业自有资金

根据国家财政制度的规定，不由国家直接安排，而由企业根据经营和财务能力自行筹措的资金，就是企业自有资金。自有资金投资要按照国家发改委相关规定进行备案，并接受国家监督管理。

4. 采用股份制筹集资金

按照股份制改制或者成功上市的企业，以发行股票和债券的方式筹措资金。

三、固定资产投资计划的编制

1. 计划编制原则

（1）计划的连续性和优化原则。连续性的要求主要是指计划的目标在时间上要保持连续性。企业各专业单位提出的计划目标应与该企业的全局总体目标在时间上保持连续性。钻井工程、地面公用工程、原油集输工程等要紧密联系，在计划管理上应追求“水到渠成”的协调关系。

计划过程在时间上的连续性，就是要求长期计划、中期计划和年度计划要互相联系。要实现某个计划目标，往往不止一个途径，可以有多种方案。这就要对可供选择的方案进行评审、选择，即计划的优化原则。

（2）统一计划、分级管理的原则。统一计划就是对建设项目的审批，实行分级管理。重大建设项目由国务院和国家发改委审批，一部分建设项目，根据国家政策由总部审批。属于总部审批的建设项目，有一部分下放给油气田企业审批。油气田企业多数是大型、特大型企业，投资范围广，内容庞杂，将一部分投资项目决策权下放给企业，既增强了企业的责任感，也可以使投资项目更适合企业的实际需要。

（3）综合平衡原则。综合平衡既是编制计划的方法，也是应遵循的原则。固定资产投资计划综合平衡的内容包括：

①固定资产投资规模与可能提供的资金、设备、建材、运输能力、勘查设计能力和施工能力之间的平衡；

②所需油气资源与探明地质储量之间的平衡；

③主体工程与配套工程的平衡，生产性设施与非生产性服务设施的平衡；

④油气生产、产量计划对新增生产能力和固定资产的需要，与固定资产投资计划安排的竣工动用指标间的平衡等。

（4）保证重点、照顾一般的原则。保护重点、照顾一般即把有限的资源，包括人力、物力和财力集中用于重点建设项目，使其尽快建成投产，发挥生产能力。但保证重点并不是孤立地突出重点。保证重点与照顾一般是相辅相成的两个方面。在一般情况下，油田生产建设的重点，一是勘探，二是油气田的开发建设。其他各项工作都要为这两个重点服务。

（5）效益原则对企业来讲，进行固定资产投资，着眼于未来的收益，主要是为发展生产奠定物质基础。所以，一个投资项目重要程度如何，属不属于重点项目，其主要标准是投资效益如何，而且首先是投资的经济效益如何。除少数必保投资外，如环境保护项目、安全卫生投资等非直接盈利性投资，都应该强调投资的经济效益。

2. 计划编制的依据

一个成功的计划，总是建立在对未来科学预测的基础之上。所以，编制固定资产投资计划与编制其他计划一样，最基本的依据就是客观事实及其发展趋势。它既包括投资主体自身的情况（油气地质资源、资金、物资、人力等），也包括外界的约束条件，如市场需求、产业政策、国内外政治形势等。

固定资产投资计划有层次高低、时间长短之分。

编制不同类别的投资计划，其具体依据也不尽相同。国家级的投资计划，要以对国民经济的全面分析与预测为依据，以投资的"国力"为限度，通过投资活动调整产业结构，合理生产力布局，增强国家的物质技术基础。所以，制订国家的投资计划要以经济发展战略研究的成果为主要依据。

石油天然气总部的固定资产投资计划应体现国家的产业政策，落实国家发展石油工业的战略部署，并将投资计划落实到各油气公司和投资项目。

油气公司的固定资产投资计划是总部投资计划的组成部分，要落实和完成总部下达的计划任务，不能突破总部批准的投资总规模。

企业的年度投资计划是层次低、时间短的一种固定资产投资计划。它既是实现长期计划的具体实施计划，又是长期计划的调整计划。

另外，国内外政治经济形势，尤其是市场供求态势，也是影响固定资产投资的重要因素。它一方面影响投资方向，另一方面则影响企业的实际投资能力。建筑材料和土地的价格上涨，一定资金量实现的新增固定资产就相应减少。所以，编制固定资产投资计划，也要把市场预测、经济形势分析作为重要依据。

3. 投资计划的编制

固定资产投资计划是确定计划期内固定资产投资的规模、方向、结构、内容、速度和效率的文件。制订固定资产投资计划是投资管理的中心环节和基础阶段。投资管理的其他环节是根据投资计划规定的任务去组织协调的。

油气公司编制的基本建设工程项目计划、技术措施项目计划、新增生产能力计划、矿区建设计划、更新改造计划、油田维护计划、非安装设备购置计划，投资效益计划等按规定都要纳入固定资产投资计划。企业固定资产投资的总和构成该企业的投资总规模。

编制企业的年度固定资产投资计划，是对中长期投资计划的分年度落实，也是对中长期计划的调整。在中长期计划中，难以对油气地质资源有确切的把握，对市场供求关系的预测也较粗略。在编制年度投资计划时，就要根据更翔实的信息资料和投资项目的进展情况，做出年度计划安排。

编制年度投资计划的核心问题是，依据企业的中长期发展规划和总部下达的勘探开发任务，以及企业的财力情况，确定投资的建议总规模，并报总部审定。在确定的投资规模内，对投资需要量和投资的可能供给量进行综合平衡。

第三节　固定资产投资效果的后评价与考核

一、固定资产投资效果的后评价

1. 固定资产投资效果后评价的概念

固定资产投资项目的效果评价是固定资产投资管理工作中的一个重要组成部分，它不是投资工作者的工作、总结，也不同于审计机关的监督和审查报告，它是与建设项目立项前的可行性研究相对应的投资管理措施，它们是同一对象的不同过程，在评价内容上，虽有不少相同的地方，但其作用显然是不同的，可行性研究是为项目选择和最后决策服务的，而后评价则是为投资项目运行和投资的使用结果评价服务的；因此，固定资产投资项目后评价是指以项目建成投产后实际取得的经济效益、社会效益和环境影响来判断项目预期目标的实现程度，并通过对项目建设程序各阶段工作的回顾，查明项目明显成功或失败的原因，将总结的经验和教训反馈到未来项目中去，以提高项目的决策水平、管理水平和投资效益。

2. 固定资产投资效果后评价的内容

固定资产投资效果后评价的主要内容，根据企业的性质不同而有所不同，就油气公司来说，评价内容可包括以下主要内容：

（1）对前期工作的后评价。对前期工作的评价，重点应是项目的立项决策和勘察设计质量的评价。项目的立项决策评价的具体内容包括：决策的政策依据，决策的程序以及决策体制是否科学、完整，是否按原则办事，已建成项目在经济上的合理性、技术上的先进性、资源供应上的可靠性、适应环境变化的应变性、以及满足社会需要的适应性，对此都要作出符合实际的确切评价。项目的勘察设计评价主要内容包括：设计方案中的建设规模、主要技术、经济标准和主要设计原则体现的程度，其重点是评价设计规模是否按投资估算进行控制，有无超规模、超标准设计，设计中的各项技术标准执行情况，工艺技术配套程度，施工中设计变更次数，设计增减投资的情况，以及优化设计及其效果等情况。

（2）对建设实施阶段工作的评价。建设实施阶段是项目程序中占时间较长的一个阶段，也是固定资产投资集中发生的一个时期，建设实施阶段工作的评价重点是找出影响项目目标的实现和造成超工期、超概算或质量差、效益低的主要原因，其中主要包括施工组织和管理的评价，投资包干、招标投标与协议和合同签订与执行情况的评价，施工准备、建设实施、竣工验收和生产准备等各个环节的工作能否适应其后续环节的要求等的评价。

（3）对项目效益的评价。包括该项目投资总额是否按概算进行，控制、预算编制是否符合规定，为节约投资采取了哪些措施和投资效益情况，如石油勘探项目的效益包括每万吨油气探明量和控制储量所需的实物工作量及直接投资，开发项目效益包括每建万吨油气生产能力所需实物工作量及直接投资，其他项目的效益是否达到预期目标等，项目效益评价还应包括对项目的资金筹措、资金结构、利用国内外各种贷款的利弊及使用经验和教训的分析，同时应重新提出对项目效益前景的预测和指出进一步提高项目效益的具体建议和措施。

（4）对外资项目的评价及其他。除评价上述各项内容外，还应增加对引进技术设备的使用消化、吸收和国产化情况与经验等内容。利用世界银行贷款的项目，其设备（20 万美元以上）采购或咨询需要进行国际招标、如何提高我国的编标、评标水平，提高国产设备在国际招标中的中标率，在国内怎样推广招标方式和加强合同管理，也应在利用外资项目的评价中认真总结并给予特别注意。

3. 后评价的实施办法

（1）从管理制度上立法。要使评价制度切实可行，就要从投资管理制度上立法，把后评价作为基本建设的一个重要程序固定下来。后评价的内容和做法要逐步规范化，评价所采用的方法与参数，应参照国家计委计标（1987）1359 号文《关于印发建设项目经济评价方法与参数的通知》中的规定执行。

（2）建立机构，实行第三方认证。各级投资管理部门可组织成立具有企业性质的咨询公司，对投资完成效果实行第三方认证，从体制上堵塞评价人员徇私作假的机会，以保证后评价报告的公正性、科学性、可靠性。

（3）建立程序，理顺关系。凡列入年度计划的项目，由企业计划部门委托咨询机构进行评价，并签订委托评价协议书，对评价的时间、质量提出具体的要求。项目建设单位向咨询机构提供后评价所需要的各种文件、资料、数据。后评价由计划部门最后审定，作为该项目投资核销的依据。

二、固定资产投资效果的考核

上述固定资产投资的后评价虽可作为考核投资使用效果和投资管理的有力措施，但是现在由于评价标准、方法等尚不健全，评价机构尚未成立。同时，由于后评价工作量大，如果对所有的项目都进行后评价，无论是在人力、物力、财力，还是时间上都是十分困难的，因此后评价一般可以选择一些典型的、有针对性的、可比性强的项目进行。虽然固定资产投资效果的考核也对立项的全过程（从立项决策到竣工投产）的各项管理工作及其整体效益进行综合评价，但一般只对项目的主要内容及指标进行考核。

1. 固定资产投资项目考核的主要内容

（1）投资对单项工程的竣工决算必须控制在上级主管部门批准的初步设计概算以内；建设项目的总决算必须控制在上级主管部门批准的总概算范围之内，不得突破。

（2）工期所有单项工程必须在计划确定的工期内完成，否则由此而引起的一切后果由责任方负责。

（3）质量项目的工程质量和工艺技术性能必须符合国家、部门的有关规定和规范，以及有关设计要求。

（4）主要材料用量工程所耗用各类主要材料用量必须严格控制在设计图纸规定的范围之内。

（5）形成综合生产能力，按设计规定和要求，在项目竣工验收时，其主体工程、配套工程和“三废”治理工程必须全部完成，并形成综合生产能力。

2. 固定资产投资效果主要考核指标

石油工业固定资产投资效果主要采用下述指标进行考核：

（1）总工作量计划完成率，其中包括基建投资计划完成率和更新改造计划完成率。

（2）主要产品新增生产能力计划完成率。

（3）主要工程（单项工程）投产率。

（4）房屋建筑面积竣工率。

（5）全部投资回收率。

（6）单位油（气）产能建设投资。

（7）单位油（气）探明储量投资。

（8）固定资产交付使用率。

3. 建立完善的投资使用效果奖罚制度

对投资使用效果应明确责任、严格奖罚。对在建设中能够尊重客观规律、按科学的程序办事、保证按质按量完成任务、节约投资、产出效益好的单位与个人，要给予奖励。对那些因责任心差、决策或指挥失误，不能保质、保量完成计划任务的单位与个人应视情节轻重给予一定的处罚。

（1）建立明确的投资责任制。明确投资责任，才能进行有效的考核，一个项目，从决策到完成投入使用，需要多个单位的协作配合。项目的投资决策者、项目的勘察设计者、项目的施工者等，在整个项目的完成中承担着不同的工作，同时，担负的责任也是不同的，因此必须建立明确的责任，考核工作才能有的放矢。

（2）投资项目的奖罚。项目的考核与奖罚的兑现很重要。如果考核后不兑现奖罚，就不能充分发挥考核的作用，也就不能全面落实投资使用管理中的责、权、利相一致的原则。因此，在投资使用效果考核后，该奖励的就应按有关政策和规定进行奖励，该罚的也要按有关政策和规定进行处罚。只有这样，才能真正提高固定投资的效果。

（3）考核中应注意的问题。石油勘探开发建设项目种类繁多、各有特点，再加上受环境、条件、地质资源状况等因素的影响，因此，对不同项目的考核与奖罚，应充分考虑实际情况，制订不同的考核内容、方法与标准，使之切合实际，以充分达到考核的目的。

第五章　基本建设计划

第一节　基本建设及其项目分类

一、基本建设的概念

基本建设是指利用国有预算内拨款、自筹资金、国内外基本建设贷款以及其他专项资金进行的，以扩大生产能力（或增加工程效益）为主要目的的新建、扩建工程及有关工作，主要是通过固定资产投资进行生产能力增扩、技术改造提效、配套能力完善等。具体包括：经济、科技和社会发展的新建项目；为扩大生产能力（或新增效益）而增建分厂、主要生产车间、矿井、铁路干支线（包括复线）、码头、油位等扩改建项目；为改变生产力布局而进行的全厂性迁建的项目；遭受各种灾害、毁坏严重，需要重建整个企、事业单位的恢复性项目等。

二、基本建设项目的分类

基本建设项目分类亦称分组。基本建设项目的分类方法和标准，根据其用途、性质、规模和投资来源的不同，一般按照以下原则划分。

1. 按建设项目的经济用途分类

按照投资的用途，基本建设可分为生产性建设项目和非生产性建设项目。

生产性建设项目：一般指直接用于物质生产或为满足物质生产需要的建设。主要包括工业建设、建筑业建设、农业水利气象建设、运输邮电建设、商业和物质供应建设、地质资源勘察建设等。

非生产建设项目：一般指用于满足职工物质生活和文化生活需要的建设。主要包括住宅建设、文教卫生建设、科学试验研究建设、公用事业建设及其他建设。

2. 按建设项目的性质分类

按照建设项目的性质，基本建设可以划分新建、扩建、改造、恢复和迁建项目。

新建项目：一般指从无到有、“平地起家”新开始建设的项目。有的建设项目原有基础很小，经扩大建设规模后，其新增固定资产价值超过原值三倍以上的，也称新建项目。

扩建项目：一般指原有企业和事业单位，为了扩大原有产品的生产能力和效益，而新建的主要生产车间、生产线或工程。

改造项目：一般指原有企业和事业单位，为提高生产效率，改进产品质量，或改进产品方向，对原有设备、工艺流程进行技术改造的项目。

恢复项目：一般指企业和事业单位的固定资产因自然灾害或人为的灾害等原因已全部或部分报废，而后又投资恢复建设的项目。

迁建项目：一般指原有企业和事业单位由于各种原因迁到另外的地方建设的项目。搬迁到另外地方建设，不论其建设规模是否维持原来的规模，都是迁建项目。

3. 按建设项目的规模分类

建设项目的规模有大型、中型、小型三种类型。项目规模的大小主要用两个指标来衡量，一是建设的总规模，二是计划的总投资。对具体项目用其中一个指标就能确定其规模大小。

4. 按建设项目的投资来源分类

按建议项目的投资来源可分为以下几类：

国家投资项目：一般指利用国家预算内的基本建设拨款（包括中央财政中的拨款和地方财政中由国家统筹安排的基本建设拨款）和中央财政中其他专项拨款营建的工程项目。

国内拨款项目：一般指利用建设银行、工商银行、人民银行和地方财政、以及国内其他贷款营建的项目。

利用外资项目：一般指利用国外资金（包括设备、材料、技术）在国内营建的项目。利用外资的形式主要有国外贷款、外资独营、合资经营、补偿贸易和无偿捐赠等。

自筹资金项目：一般指油气公司利用自己筹集的资金营建的项目。

三、基本建设项目的划分

为适应基本建设各方面管理工作的需要，国家有关方面统一规定将基本建设划分为建设项目、单项工程、单位工程、分部工程和分项工程五个等级。但由于油气建设工程内容和层次繁多，为了便于管理，在计划上，建设项目和单项工程之间增加了“项目工程”一级，而长距离输油、气管道建设以及炼油化工等建设工程、仍然执行五级划分办法。基本建设项目的具体划分如下。

1. 基本建设项目

基本建设项目是指在一个总体或初步设计范围内，由一个或几个工程组成，经济上实行统一核算，行政上有独立的组织形式并实行统一管理的建设单位。技术改造和扩改建性质的一般以一个企业、事业单位为一个建设项目。新建性质的，一般以一个独立的总体工程为一个建设项目。

基本建设项目一般是由设计文件规定的若干个有内在联系的项目工程或单项工程组成的。

2. 单项工程

单项工程是建设项目的组成部分。对于油（气）田建设工程来讲，则是项目工程的组成部分。单项工程一般有独立的设计文件（设计单元），建成后能够独立发挥生产能力和效益。在油（气）田建设区块地面工程中，原油集输、天然气集输、注水系统、供电系统、道路工程、集油站、注水站、脱水转油站、油（气）集中处理站等，都是独立的单项工程。在长输管道建设项目工程中，首末站、各类中间站（如加热及加压、热泵站等）都是一个单项工程。又如有独立总体设计文件的居民区建设项目，每幢住宅、宿舍、学校、医院、剧院以及锅炉房等公共工程也各为一个单项工程。

3. 单位工程

单位工程是单项工程的组成部分，是指单项工程中有独立施工条件的工程。如民用建筑工程中的土建、排水、采暖、通风、照明各为一个单位工程；工业项目的单项工程中的土建（包括建筑物、构筑物）工程，机电设备安装、工艺设备安装、工艺管道安装、供排水、采暖、通风、电气安装等也都是一个单位工程。

4. 分部工程

分部工程是单位工程的组成部分，是指按建筑安装工程的结构、部位划分的工程。将基本建设项目按组成层层划分，其目的在于加强基本建设工程项目的计划管理，为项目的设计、预算、计划施工提供依据。

5. 分项工程

分项工程是分部工程的细化，对于专业复杂的项目，在分部工程基础上按照具体安装专业和工序可以再分解的最小层次。

第二节　基本建设程序

一、基本建设程序的概念

如同任何事物的发展过程一样，基本建设活动也有它独特的内部运动规律。一个基本建设项目或一项工程的建设过程要分为若干个阶段，各个阶段之间又以一定的顺序紧密相连，从而构成基本建设的完整过程，即基本建设程序。因此，基本建设程序指基本建设项目从酝酿分析、计划建设到建成投产的全过程中各项工作的先后顺序。这一程序所反映的是基本建设工作的内在联系，是人们依据长期的工作实践不断摸索总结出的一套行之有效的科学管理方法，是从事基本建设工作的部门和人员都必须认真遵循的行动准则。

二、基本建设程序的内容

根据国家对国民经济基本建设程序的原则规定，结合基本建设的实际情况，一个基本建设项目的建设程序，一般包括以下几项主要内容。

1. 项目建议书和可行性研究

（1）项目建议书是在区域规划和资源经过初步勘察后，在正式投资前对项目的一种轮廓性设想。项目建议书的提出，主要根据国民经济和社会长远发展规划、行业规划、地区规划等要求，经过调查、预测、分析提出的。建议书主要应从建设项目的必要性方面来论述，同时初步分析建设的可行性。

项目建议的主要内容包括：建设项目提出的必要性和依据；产品方案、拟建规模和建设地点的初步设想；资源情况、建设条件、协作关系和引进技术装备的国别、厂商的初步分析；投资估算和资金筹措设想；利用外资项目要说明利用外资的可能性以及还贷款能力的大体预测；项目的进度安排；经济效果和社会效益的初步估计。

（2）可行性研究项目建议书被批准后，拟建项目就可进行可行性研究论证。建设项目的可行性研究是指在决定一个建设项目之前，先对拟建项目的一些主要问题，认真调查研究，充分进行技术经济论证和方案比较，选择以最低消耗取得最佳经济效果的方案，从而给项目投资的最终决策提供依据。

2. 编制设计文件

根据国家有关部门的规定，可行性研究报告被批准以后，就可以直接编制建设项目的设计文件。

按可行性研究报告的要求编制设计文件，是关系着整个项目建设投资效果的、十分复杂的、综合性的技术经济工作，是安排项目建设和组织施工的主要依据。

设计文件按其深度、作用的不同，可分为初步设计、技术设计和施工图设计三个阶段。

一般大中型项目通常采用“两段设计”，即初步设计和施工图设计。重大特殊项目经主管部门指定，方可采用三段设计，即初步设计、技术设计和施工图设计。

（1）初步设计是对批准的可行性研究报告中所提出的内容，进行概略地计算，作出初步的规定。它的作用在于阐明在指定地点、按控制的投资和规定的期限，拟建工程在技术上的可能性和经济上的合理性，并对设计的项目作出基本的技术决定，同时编制项目的总概算。初步设计的主要内容包括：设计依据与指导思想，建设规模，产品方案，总体布置，工艺流程、设备选型，主要设备清单和“三材”用量，劳动定员，主要技术经济指标，主要建筑物、构筑物的综合利用和三废治理，生活区建设，占地面积和征地数量，建设工期，总概算等图纸资料和文字说明。

设计概算是设计单位按照基本建设程序和国家概预算制度的规

定，根据设计图纸，概算定额（或指标）、设备和材料规格数量表、各项费用标准及其他建设费用资料计算的单位工程造价和建设项目的总投资。设计概算是初步设计的主要内容之一，是对建设工程的全部费用所提出的投资数额，即工程从筹建开始至竣工投产所需的全部费用。因此，编制好设计概算，提高设计概算的准确性，对于加强基本建设投资计划管理，实行招标承包制，降低工程造价，加快工程建设，发挥投资效益具有重要的意义。

（2）技术设计是根据初步设计和更详细的调查研究资料编制的。它进一步具体地确定初步设计中所采取的工艺过程和建筑，校正设备的选择及其数量、建设规模和技术经济指标，并编制修正总概算。

（3）施工图设计是在初步设计或技术设计的基础上，设计和绘制出更为详细具体的施工图技术文件，内容包括：施工总平面图、房屋建筑总平面图和剖面图，安装施工详图、各种专门工程的施工图、非标准设备加工图，以及设备和各类材料明细表等。施工图设计一般应全面贯彻初步设计的各项重大决策，其内容的详尽应能满足工程施工和制造非标准设备等的需要。

3. 确定项目建设总进度和年度计划

总进度指的是项目建设全过程的各方面工作在时间上的统一安排；年度计划是在总进度要求下，制订的分年度控制计划，它是用以保证实现总进度的一种措施。

建设项目的主管部门要慎重对待建设总进度问题，重视科学管理，讲究经济合理性，有计划、有节奏、连续不断地组织施工。

为了保证建设总进度的实施，凡经国家及有关部门批准建设总进度的项目，其全部和分年度建设需用的资金、材料、设备、劳力和施工机械都要列入国家及有关部门相应的各项计划，以确保供应。

计划兴建的建设项目必须具备一定的条件，并列入年度计划。列入年度计划的项目必须具备以下条件。

（1）油（气）田产能建设和老油（气）田调整项目要有经过批

准的开发方案和地面工程初步设计。

（2）其他建设项目要有经过批准的设计任务书和初步设计。

（3）引进的大型非安装设备要经论证并报总部正式批准。

凡不符合上述条件的项目，一律不得列入年度计划。

4. 签订工程建设承包合同

按照我国现行的基本建设管理体制，一个建设项目的营建一般是由建设单位（通称甲方），施工单位（通称乙方）、设计单位（通称丙方），各司其职，配合协作来完成的。项目开工前设计单位应完成工程建设计划进度要求的相应设计工作，并向有关方面进行设计技术交底。企业应备好足够的资金以满足拨款、贷款和支付工程预付款的需要。

建设单位的准备工作内容一般应包括：根据批准的基本建设计划和设计文件组织落实设备材料的订货、办理征地拆迁、完成现场勘测、做好“三通一平”、修建临时设施、通过招标等手段落实施工力量，签订工程承包合同等。施工单位的准备工作内容主要包括：通过投标方式与建设单位签订承包合同、进行施工队伍的调迁、设计文件会审、编制施工组织设计或施工技术方案并报请审批。建设施工准备工作就绪，建设单位（或筹建机构）就可以向上级主管部门提出工程开工申请报告，未经批准前不得开工，建设银行也不得贷款或拨付工程款。

5. 组织施工阶段

建设工程的施工，是根据计划确定的任务，按照图纸的要求，把建设项目的建筑物和构筑物建造起来，同时把机器设备安装完好的过程。固定资产的建造要通过施工才能实现。精心施工、保证建筑符合计划要求和设计意图，是顺利实现基本建设任务的一个重要环节。

6. 生产准备阶段

生产准备阶段是指为了满足工程项目建成投产后的正常管理和

服务的一系列工作，包括生产工人的技术培训，开工方案的拟定，各级生产指挥系统和相应管理机构的筹建，生产管理规章制度和各项操作规程的制订，技术资料和产品样本的收集，落实原材料、水、电气和燃料来源及运输途径，组织生产工器具，备品配件的采购和订货等。生产准备是衔接基本建设和生产的一个不可逾越的阶段，有计划、有步骤地抓好生产准备工作，是保证项目建成后能及时投产，尽快达到设计能力，充分发挥投资效果的一个不可缺少的环节。

7. 竣工验收交付生产阶段

竣工验收交付生产是考核、检验、评价基本建设成功的阶段。工程项目建成后，要经过一段时间的试运转或试生产，经评定合格后才能办理交工验收手续。

建设项目的竣工验收的主要依据，是施工设计文件和施工验收技术规范。竣工验收的主要程序一般分为两个阶段进行：一是单项工程验收，一个单项工程或一个车间完工以后，就可由建设单位（或生产单位）组织验收；二是全部验收，整个项目全部工程建成，则必须根据国家有关规定，按照工程的不同情况，由负责验收的单位吸收建设单位、施工单位、设计单位、环境保护和其他有关部门共同组成验收委员会进行工程验收。

8. 建设项目后评价

在传统的做法中，把建设项目的竣工验收，交付使用看作是工程建设中的最后环节，即建设期的结束。而后评价则是把现有基本建设程序又向后延伸了一步，认为建设项目的竣工验收只是工程建设完成的标志，而不是全部程序的结束。依据过去的程序，建成项目是否达到投资决策时所确定的目标，则只有经过生产经营取得的实际效果，才能做出准确的判断。

这样，经验与教训都不能及时反馈。后评价则能在项目建成后，及时对项目进行总结与评价，对建设程序各环节工作的效果和存在的问题作出综合的反映，为以后的项目决策和建设提供依据和借鉴。

因此，后评价是固定资产投资管理工作和基本建设程序中不可缺少的组成部分和重要环节。

第三节 基本建设项目的前期工作

一、前期工作的概念及其内容

1. 前期工作的概念

基本建设前期工作，是基本建设全过程的重要组成部分，包括从项目的酝酿提出，项目列入年度计划，开工建设以前的一系列工作，即项目的立项决策阶段和项目设计工作准备阶段的全部工作。

搞好基本建设的前期工作，是落实长远计划的关键环节，是提高投资效果的前提条件。一个建设项目，如不做好前期工作或者不做前期工作，就无法掌握工程建设的主动权，则不能严格按建设程序办事。一个建设项目就其全过程来看，复杂的、大量的工作是前期工作，因此做好前期工作，对于建设项目的工期、质量、成本和投资效益等，具有全局性的决定性意义。

2. 前期工作的内容

对于建设项目，其前期工作的内容因项目的不同而不同，一般情况下应包含的内容有：按照中长期规划、总体设计及实施方案，编制项目建议书，可行性研究报告、初步设计等。

对项目建议书、可行性研究报告以及初步设计进行审查评估。

根据审查及评估意见，进行批复；若同意该项目建设，则可正式立项；若暂缓建设，则可作为储备项目，待建设项目条件成熟时再正式立项；若该项目经过论证不可行，即批复不予立项。

二、建设项目前期工作的作用

搞好建设项目前期工作的作用主要表现在以下几个方面。

1. 搞好项目的前期工作，有利于计划决策的科学性、民主性

前期工作主要是对项目在决定建设前期进行深入细致的可行性研究论证，为正确决策提供可靠的依据。根据国内外的经验，一般一个大型的建设项目，其前期工作往往要经过一两年的时间，有的甚至更长。在这段时间里，主要的工作是对项目进行科学的反复的论证和评估。

在这个基础上进行决策，显然要比行政式的决策要慎重得多、科学得多。同时，在项目论证过程中，需要有懂技术、懂经济，有经验的一大批人的共同努力，需要听取各方人士的意见。在项目的执行过程中，要依靠群众，随时调整战术决策，使项目的计划决策更加科学化和民主化。

2. 做好项目的前期工作，能有效地控制投资规模和投资结构

前期工作的主要目的就是要充分论证建设项目的必要性、合理性、可行性。对于经过论证认为是不合理的、不必要的、不可行的项目就坚决不予批准建设，而一些认为技术可行、经济上合理的，但不是十分必要的项目，可用计划调节的手段在时间上做适当合理的安排，从而保证基本建设规模的合理与投资结构的正确。

3. 做好项目的前期工作，有利于开展项目管理

实行项目管理，对项目前期工作有较高的要求。首先，实行项目管理的工程要求工程项目的材料、资金有确实的保证；其次，实行项目管理要求项目有严格的概预算；第三，实行项目管理要求甲乙方实行合同制等。因此，如没有充分的前期工作，项目不能列入年度计划项目的材料、资金就没有保证；如果项目的设计工作不充分，项目的概算、预算就不准确；同时，项目的技术论证、经济合

理性的论证若不充分，甲乙方合同执行中就会出现问题。所以，缺乏前期工作，或前期工作不充分的项目，实行项目管理就没有保证，就难以达到既定的目标。

4. 做好项目的前期工作，有利于提高基本建设的投资效益

按照基本建设程序的要求，充分做好项目的前期工作对提高基本建设的经济效益是十分重要的。因为一系列的前期工作，如可行性论证（包括技术、经济上的可行性）、科学的决策、严格的设计、科学的计划以及周密的施工准备等前期工作，其目的是为了排除不合理的因素，使建设项目更加具有科学性、可靠性、经济性。因此，做好建设项目的前期工作有利于提高基本建设的投资效益。

三、建设项目立项

严格建设项目的立项程序，对于避免行政命令、主观臆断、防止和减少决策失误是十分重要的。一个建设项目能否允许立项，它要符合一定的条件和经过一定的程序。

1. 建设项目立项的条件

一个建设项目，一般情况下符合下述三个条件方可进行立项：项目本身在技术上是先进的，在经济上是合理的，技术与经济是最佳的结合；项目符合国家、行业有关政策方针、法规及要求，如项目环境保护、劳动安全、“三废”治理、区域布局等；国家或项目主管部门在资源（包括人力、物力、财力）方面具有一定承受程度。

只有同时具备上述三个条件，项目才能正式立项；只有经过批准正式立项的项目，才能列入年度计划。

2. 建设项目的立项程序

建设项目的立项实行分级决策，分级负责的管理办法。

（1）由总部和国家计委管理的项目，其立项程序如下：

①根据矿产资源条件和中长期计划由建设单位编报项目建议书。

②根据批准的项目建议书编制可行性研究报告，报总部及有关咨询公司。

③咨询公司接到可行性研究报告后，可在两周内对报告的内容资料，论证深度以及需要补充的资料等方面提出意见，由建设单位及时予以补报。

④咨询公司接到可行性研究报告及其他资料齐全后，在规定时间内完成专家评估，将评估报告总部抄送项目提出单位。

⑤根据项目可行性评估意见，修改可行性研究报告，将修改后的可行性研究报告（或设计任务书）报总部。

⑥可行性研究报告（或设计任务书）经批准后，才可委托开展初步设计，初步设计审查批准后，才能做施工图设计。工艺技术比较简单的生产性工程，可直接委托施工图设计，但工程设计标准等必须由委托设计的上级主管部门审查批准，报总部备案。工程进度安排需根据资金、施工条件落实情况经综合平衡批准列入年度计划后才能建设。未充戒施工图设计不能动工建设。

⑦凡涉及利用外资的建设项目，要有批准的设计任务书、落实外汇和国内配套的人民币，才能对外正式签约，同时要执行《石油工业利用外资贷款建设项目暂行办法》的有关规定。

（2）由各油气公司管理的项目立项程序及企业自行管理的建设项目，由企业自行组织审批，报总部备案。总部对批复如有异议，在接到上报件后的规定时间内提出意见，如无书面正式意见，即表示同意。由企业审批的项目，不得再放到三级单位自报自批。

（3）立项管理技术改造和技术引进项目的立项管理，也按上述规定办理。

所有建设项目都必须按规定权限组织审批。上报的项目建议书、可行性研究报告或设计任务书，如有不实和错误而造成重大损失的，应追究上报部门和审批部门的责任。

3. 建设项目的立项责任

审批立项的主管领导对项目立项决策负责，项目专家评审组组长对项目评估报告负责，负责审查的主管领导对审查报告负责，项目论证文件编制单位主管领导对项目论证文件负责。

第四节　基本建设计划的编制

基本建设计划是固定资产投资计划的重要组成部分，也是资源计划的重要组成部分。它的制订和执行既是制订和实现原油（天然气）等生产计划的重要基础，又是有计划地提高职工的物质和文化生活的前提条件，同时也是企业生产长期协调、稳定发展和生产技术水平不断提高的重要保证。

一、基本建设计划的编制要求

油气公司编制基本建设建议计划的具体要求是：投资总规模必须控制在总部下达的指标之内，指标由企业参照总部下达的计划指标结合企业实际进行安排。在安排项目时，首先要确保油气田开发项目和重点项目的投资。

油气公司编制基本建设实施计划的具体要求是：

投资总规模和勘探、开发、公用工程等主要项目必须按总部下达的计划编制。总部下达的油（气）田开发和系统配套工程中的主要项目以及计划会议上审定的生产急需项目投资必须确保，不能留有缺口。国家控购设备，必须按审定的清单列计划。其他项目在总部下达的投资范围内，企业可自行安排。实施计划必须附有编制计划的说明。

二、基本建设计划的主要指标

基本建设的计划指标是基本建设任务的具体化，是数量和质量的综合体现。石油基本建设计划指标通常由名称和数值组成，可分为以下三部分内容。

1. 建设规模、建设项目的指标

投资规模是以价值量反映的建设规模，单位为万元。

工程项目建设规模是以工程能力（或效益）反映的建设规模，主要指标如下。

油田建设：原油，万吨/年。

气田建设：天然气，亿立方米/年。

原油加工建设（如常减压装置建设）：万吨/年。

此外，还有天然气净化建设规模、原油稳定规模、发电、供水、供电、注水原油天然气配套建设的规模以及续建项目个数、新开工项目个数、建成投产项目（或单项工程）个数等。

2. 油气田新增生产能力（或工程效益）计划指标

生产能力是指某企业、部门、地区以至整个国民经济在一定时期内（通常是指一年）为社会制造某种物质产品的能力。生产能力的大小通常都是用最大可能制造物质产品的年产量来表示，如年炼油能力、原油（或天然气）生产能力等。

新增生产能力是指在一定时期内，新增加的生产能力和能独立发挥生产能力的单项工程（或建设项目）及更新改造项目，如炼油厂建设中的一套常减压装置、油（气）田建设中有独立开发方案的油田（区块）、一项节能措施、一条输油管线等。从社会扩大再生产的观点来看，增加生产能力的途径主要有两条：一是革新挖潜，通过对原有企业进行技术改造，增加生产能力；二是投资建设，通过新建扩建为油（气）田自生产增加新的生产能力。

新增生产能力（或工程效益）一般有下列四种表现形式：

一是以建设项目或单项工程在单位时间内（1 年）所能生产的产品数量来表示。如原油开采、天然气开采、石蜡成型、氧化沥青等新增生产能力是以年产量表示，这类新增生产能力的数量一般可用混合量来表示。某些化工产品由于含量差别较大，应按其设计含量计算折合量来表示，如硫酸、纯碱等都用折合量来表示，凡是用年产量来表示新增生产能力数量的，都是按设计文件中规定的全年生产能力来算的，它表明在正常情况下一年时间所能生产的产量。

二是以建设项目或单项工程在单位时间所能处理的原料数量表示，如常减压装置处理原油能力（万吨/俐），油田污水处理能力（万立方米/肘），天然气处理能力（万立方米/日）等。

三是以新增主要设备和容量来表示，如发电厂新增发电机组容量，变电工程新增变电设备容量，原油储罐容量等。

四是非工业部门新增工程效益，一般以建筑物容积、容量、面积、长度表示，如输油（气）管道里程、铁路里程、公路里程、水库容量、仓库容量、房屋建筑面积等，或按为社会提供的效益表示，如学校学生席位、医院床位、灌区灌溉面积等。

新增生产能力（或工程效益）计划是通过基本建设计划期内投入生产的设计能力，即工程建成后，在正常情况下，按设计规定能够达到的生产能力，这项计划内容既是体现基本建设投资效益的主要计划，又是编制企业生产计划的主要依据，它是衔接和协调基本建设计划和生产计划的重要指标。

新增生产能力的计划指标主要有：

（1）新增原油生产能力。它是指计划期内新增加的原油生产能力，以及依照油田开发（调整）方案和设计建成的采油及相应配套的生产设施所达到的相对稳定的年采油量。新增产能的计算方法如下：

新增产能 = 新增采油井总数 × 平均单井日产油量 × 生产天数

式中：新增采油井总数指计划期内按计划完钻、建成具备生产条件或投产的全部采油井数；平均单井日产油量指按设计的单井日产量计算的产量；生产天数指按不同的油井生产能力方式的规定计算的天数，一般自喷井为 330 天，抽油井为 300 天，其中稠油出砂井为 280 天。

（2）新增天然气生产能力。它是指计划期建成的天然气综合配套定产气井的年产能力。新增天然气生产能力包括气田气生产能力和油田气生产能力。

①气田气新增生产能力的计算方法如下：

计划期气田气新增生产能力 = 新建成综合配套的单井日产气能力总和 ×330 天。

a. 新建成综合配套定产气井是指按开发方案确定的生产规模，并且配套完成地面集输、脱硫、脱水、脱油和加压装置等工程的全部新投产气井。

b. 气田新投产单井日产能力总和是指计划期所各建成新投产气井定产之和，新投产气井日定产，应按开发方案确定的单井产量计算。

②油气田新增生产能力应按油田开发方案确定，原则上与气田生产能力的计算方法相同。

（3）新增原油稳定能力。它是指计划期内新增加的原油稳定装置设计处理原油量。

（4）新增天然气处理能力。它是指计划期内新增的按设计能力计算的天然气轻短装置、天然气脱硫装置等新增天然气处理能力。

（5）新增炼油装置（设备）能力要分别计算原油加工能力（即蒸馏装置能力）和各种二次加工装置（如热裂化、催化裂化、焦化等）能力。新增炼油装置（设备）能力，包括基本建设新增能力、更新改造新增能力及其他新增能力。

（6）新增供水能力。它是指报告期新投产的水源集输站、水处理站、水源单井在一年内可能达到的供水量，计算公式为：

年新增供水能力 = 新投产的地下水源 × 单井日输出合格水量 × 年有效工作日数 + 新投产的水厂、站对地面水、回收时行仰净化处理后的日输出合格水量 × 年有效工作日数

（7）新增供电能力指计划期新增的自发电能力和转供电能力；

新增发电能力系指自发电站报告期新增设备的最大发电能力；新增转供电能力系指报告转供电设备在一定时期内的最大转供能力。

（8）新增注水能力指计划期新增的通过注水设备注入油层水量综合设计能力。

（9）新增污水处理能力是指计划期对含油污水例如水设计的处理能力。

3. 油气田开发建设经济效益计划指标

基本建设是固定资产扩大再生产的一种主要形式，是为发展生产力、扩大社会再生产、满足社会需要而进行的大量投资，其经济效益主要指标有以下几项。

（1）每建单位产能需钻开发井口数，进尺及投资额。每建 1t 原油（或 1 亿立方米天然气）生产能力的投资又称单位生产能力造价，是期内竣工投产的工程项目（或单位工程）的单位生产能力所需的投资。它是考察一个项目（或单项工程）的“所得”与“所费”之间的重要指标。其计算公式如下：

$$\text{每建 100 万吨原油（或天然气）生产能力投资额} = \frac{\text{计划期为增加原油（或天然气）产能所花费的总投资}}{\text{计划期新增原油（或天然气）生产能力}}$$

式中：计划期新增原油（或天然气）生产能力的计算单位分别为百万吨（或亿立方米）。每建 100 万吨原油（或 1 亿立方米天然气）生产能力投资额越少，说明投资效果越好。

（2）平均每口或每米生产井进尺生产井新建生产能力。新建生产能力，即计划期新建生产能力与计划期新建生产井数（或生产井进尺）之比。这是反映油气公司基本建设经济效果的又一重要指标。该指标数值越大效果越好。其计算公式为：

$$\text{平均每口生产井（或每米生产井进尺）新建原油（或天然气）生产能力} = \frac{\text{计划期新建原油（或天然气）生产能力}}{\text{计划期新建原油（或天然气）生产进口数（或生产井进尺）}}$$

（3）原油（天然气）产能建成率是从生产能力形成速度的角度以实物形态反映投资效果的指标，它是指计划期内新增生产能力占同期施工建设总能力的比重，该指标数值越大，说明效果越好。其计算公式为：

$$\text{原油（天然气）产能建成率}=\frac{\text{计划期新增原油（天然气）生产能力}}{\text{计划期建设的原油（天然气）生产能力}}\times 100\%$$

（4）固定资产交付使用率是反映固定资产形成率的一个指标，系指计划期内建成交付使用的固定资产占同期基本建设投资额的比例，其计算公式为：

$$\text{固定资产交付使用率}=\frac{\text{计划期新增固定资产}}{\text{计划期投资额}}\times 100\%$$

（5）重点工程项目投产率主要用来反映总部下达的重点工程项目的建设速度。它是指计划期内全部建成投资的重点工程项目数占同期内重点工程施工项目个数的比重。其计算公式为：

$$\text{重点工程项目投产率}=\frac{\text{计划期全部建成投产的重点工程项目个数}}{\text{计划期重点工程施工项目个数}}\times 100\%$$

（6）房屋建筑面积竣工率主要用来反映房屋建筑施工的速度，是指计划期房屋竣工面积占同期房屋施工面积的比重，其计算公式为：

$$\text{房屋建筑面积竣工率}=\frac{\text{计划期房屋竣工面积}}{\text{计划期房屋施工面积}}\times 100\%$$

式中：房屋施工面积是指计划施工的全部房屋面积，包括本期内新开工的面积和上期转入本期继续施工的房屋建筑面积。房屋竣工面积是指本计划期内竣工的房屋建筑面积。

（7）建设工期是一个从时间因素来反映投资效果的指标。它是指建设项目或单项工程从正式开工起到全部建成投产止所经历的时间。建设工期一般是根据工程项目或单项工程的计划建成投产月和开工年月的时间进行计算的。

如果在计算若干个工程（或单项工程）的建设工期时，可采用算术平均数的办法来进行计算。其计算公式为：

$$平均建设工期=\frac{计划期各个工程项目（或单项工程）}{计划期全部建成投产项目（或单项工程）个数}$$

（8）投资回收期。投资回收期是指建设项目或单项工程自正式建成投产之日起，累计提供的利润和税金总额达到建设所耗用的投资总额所经历的时间，这是较能全面反映投资效果的一个重要指标。其计算公式为：

$$投资回收期=\frac{建设项目（或单项工程）的投资总额}{该项目（或单项工程）建成投产后的年利润+税金总额}（年）$$

上述几项评价基本建设效果的指标，既相互联系、又相互制约。在实际运用时，必须综合考虑，全面衡量，才能比较正确、全面地评价基本建设投资效果。

三、基本建设计划的主要内容

油气公司的基本建设计划主要内容有投资计划、项目计划、新增生产能力（或效益）计划和投资经济效益计划。

（1）基本建设投资计划是基本建设计划的主体部分，规定和制约着基本建设计划的其他部分。

（2）建设项目计划是基本建设投资计划的具体化，它表明计划期内基本建设究竟用在哪些建设单位，搞些什么项目，建设的规模，内容和进度安排怎样，有哪些项目在计划期内竣工投产，能提供多少生产能力等。

按油气田生产过程可分为油气田开发建设计划、公用工程和化工综合利用建设计划。

油气田开发建设计划包括原油、天然气生产能力建设，老油田调整改造，新技术利用，计算机建设，采油厂站的后勤辅助配套和队伍装备计划。

油（气）田公用工程和化工综合利用建设计划包括油气储运、油气处理、供水供电、通讯、道路、机修、后勤辅助、环境保护、计算机建设、矿区建设、施工机具等非安装设备购置计划，油（气）田炼油厂化工综合利用和多种经营等建设计划。

（3）新增生产能力计划是指计划期内新增加的生产能力。

（4）经济效益计划是反映在基本建设投资活动中，所取得的有效成果与新占用的（或所消耗的）物化劳动和活劳动之间的对比关系的指标。

第六章　油田地面更新改造计划

第一节　固定资产更新改造

一、固定资产的磨损与补偿

除土地外，固定资产在其执行职能期间，要发生物质磨损（有形磨损）和精神磨损（无形磨损）。引起物质磨损的主要原因是生产过程的使用，使用的时间长、强度大、磨损程度就大。引起物质磨损的另一原因是自然力的作用，如锈蚀、腐蚀、老化变质等。

精神磨损也有两种情况。一种是在固定资产的结构和性能基本不变的情况下，由于制造部门劳动生产率提高，可以花费更少的成本生产出同样的设备，从而造成现有设备的相对贬值，但它不影响现有设备的使用价值。另一种情况是由于新技术的发明和应用，出现了技术性能更完善的新设备，从而引起原有设备的技术性和经济性的双重贬值。区别不同情况，适量考虑固定资产的精神磨损，从而适当加快固定资金的周转速度，是技术装备现代化的客观要求。

固定资产的磨损应该得到补偿。实物局部补偿表现为大修理，实物整体补偿就是固定资产更新。相应的价值补偿形式是提取大修理折旧基金和基本折旧基金，固定资产发挥职能作用的全部时期内，它的使用价值和价值运动，从某些角度看，有一致的地方。但是从总体上看，两者是不一致的。从实物形态看，在它发挥职能作用期间，是不流通的，形式上是基本不变的，整体的补偿只能在寿命终结时一次进行（少数通过轮番大修实现整体更新的固定资产例外）；从价值形态看，则是不断流通的，是逐渐转移到它帮助形成的产品上面的，补偿是多次进行的，在固定资产需要实物更新之前，提取的折旧基金可以“沉淀”下来，从而为挪作它用提供了可能。其中的一种情况就是，将折旧基金用于搞基本建设。按照马克思的再生产理论，折旧基金并不是绝对不能用于固定资产的扩大再生产，但其前提和界限是不能影响补偿更新的正常进行，如果一方面使用着的设备得不到维护，在“带病运转”，该退废的设备得不到更新，另一方面却将折旧基金用于基本建设，那就属于不该发生的资金挤占。

二、固定资产更新改造

固定资产更新，从吸取技术进步成果区分，有两种类型，一种是在陈旧技术基础上“原打原”的以新换旧。这是固定资产简单再生产的典型形式，它把劳动手段类型凝固化，排除了技术进步的影响，已故经济学家孙冶方把这种类型的更新形象地称为“复制古董”，另一种是，用效率更高、性能更完善的新设备更新退废老设备，按照技术上适用、先进，经济上合理可行的原则进行固定资产更新。这是现实经济生活中最常见的情况，它把设备更新与设备改造结合进行，习惯上称为固定资产的更新改造或称做改造更新。

三、固定资产更新改造的意义

固定资产更新改造是技术改造的重要内容，其意义表现在以下几方面。

1. 它是维持再生产正常进行的基本条件

如果固定资产只磨损不更新，只消耗不补偿，固定资金的周转被中断，劳动手段必然劣化萎缩，连简单再生产也难以维持。或者说，更新改造使固定资产“永葆青春”，才为再生产的正常进行创造了必要条件。

2. 机器设备更新改造是装备现代化进程的重要内容

固定资产中最积极的部分是机器设备。从某种意义上可以说，机器设备是科学技术的结晶。固定资产中的机器设备的再生产过程，吸收科学技术成果越多、越快，生产效率提高得也越显著。近代石油工业之所以能发现过去发现不了的油气资源，能采出过去不能开采的石油天然气，主要得益于现代石油科学技术，包括其结晶品石油技术装备。技术装备现代化不可能是一蹴而就的事情，作为一种从量变到质变的发展过程，设备的更新改造是重要内容。

3. 更新改造和基本建设相比，投资省见效快

在各领域中的技术进步快慢不同，对各类固定资产的无形磨损的影响也不同。因此，各类固定资产的折旧和更新快慢也不同。比如，计算机的更新换代较快，但计算机房就没有必要频繁地推倒重建，固定资产更新改造之所以能够收到投资少见效快的效果，主要原因在于，对技术进步快、影响大的关键设备及时更新改造，对非积极部分则更新时限间隔较长（我国已实行固定资产的分类折旧）；从固定资产的技术结构看，是“传统加进步”旧设备和新设备同时配合使用，不像基本建设那样，以“全新”的面貌出现。所以，设备更新与技术改造结合进行，与基本建设相比，投资省、见效快。

四、更新改造计划管理中的几个问题

1. 更新改造项目应进行论证

更新改造要有步骤有重点地进行，对准备列入计划的更改项目要进行技术经济论证。限额以上的技改项目按基本建设项目进行管理。

2. 更新改造资金的使用应接受银行的监督管理

企业提存的更新改造资金应存入建设银行的“更新改造资金户”

专户存储，由建行监督使用。企业用款时，应向经办建设银行提交下列文件，作为拨款依据：经过批准的更新改造措施计划和方案、设计文件的批准抄件和概算、经济合同和工程预算以及年度财务计划。

3. 基本折旧基金要提足，更改资金应首先保证原有固定资产的更新改造

更新改造资金的主体部分是基本折旧基金，是固定资产更新的“准备金”，而不是“垫支”，正常情况下，资金不应被挤占，固定资产的更新改造应该能够实现。

第二节　油田地面更新改造计划的编制

油气公司固定资产更新改造计划的编制程序、方法、原则、依据等，与基本建设计划相同，根据油田维护和更新改造计划的特点，应注意以下几个问题。

一、项目立项审批权限

更新改造项目具有点多面广、项目规模小，立项必须根据油田开发动态变化及时决策等特点。除个别投资大、油田阶段性整体调整改造项目外，绝大部分项目应由油气公司自主立项、自主审批，但是必须坚持建设程序，坚持效益观念。

二、按照资金使用范围确定建设项目

凡是新开发建设油田、新建炼油厂、新建油田自备电站等属于基本建设的项目一律不能列入更新改造计划，以确保维持扩大再生产的资金用于维持油田扩大再生产。

三、油田更新改造计划的管理

油田维护和更新改造所需资金，是油气公司的自有资金，而且是用于维持简单再生产的资金。根据现行规定，更新改造计划由油气公司按权限审批。

第七章　原油生产计划

第一节　油田开发主要生产工艺技术概述

一、油田开发

油田开发是指通过对大量第一手资料的分析，在认识和掌握油田地下情况的基础上，制订开发部署及方案，然后利用一定的手段包括不同的开发方式、布井方式及开采工艺技术措施等，使石油从油层流向井底，采出到地面上来，这个全过程被称为油田开发。

1. 油田开发阶段划分

油田开发同其他事物一样，有其发生、发展和衰亡的过程，油田的开发过程，可以划分为不同的开发阶段，采油计划工作者在计划过程中，必须认识和掌握油田开发过程各阶段的客观规律，根据不同开发阶段的特点，采取相应的工艺技术措施，编制符合油田开发实际的生产建设计划，合理安排各项工作，合理使用人力、物力、财力，改善油田开发效果，提高经济效益。

目前，世界上采用注水开发的油田，开发阶段可划分为以下几种。

（1）按产量变化划分开发阶段具体可分为上升阶段、稳产阶段和递减阶段。

①上升阶段。从油田产油到稳定产期开始止是油田开采的上升

阶段。这阶段的特点是生产井数和采油速度不断明显上升，一般为1~5年。

②稳产阶段。年产油量达到高峰产量的75%时为稳产阶段，这阶段特点是油田的主要储量已投入开发，产油量从上升转为稳定，油田的基本建设已全面建成投产。该阶段一般为10~15年，阶段采出为可采储量的50%~60%。

③递减阶段。从稳产结束到油田停产，这一阶段称为递减阶段，它的特点是油田产油量较快地下降，而油田含水量不断升高。该阶段一般为15~20年。

（2）按开采方式和工艺特征划分开发阶段，具体可分为一次采油阶段、二次采油阶段和三次采油阶段。

①一次采油阶段利用天然能量进行开采，井数和采油量迅速上升，并达到最高水平。随着天然能量的消耗，地层压力、产油量迅速下降，大多数油井停止自喷，改用抽油生产。

②二次采油阶段利用人工注水、注气补充能量，使地层压力回升，产量上升，并稳定在一定水平上，随着含水上升产量下降到很低水平。

③三次采油阶段利用各种驱替剂提高驱油效率，扩大水淹体积，提高油田最终采收率。

（3）按开采的主要对象划分开发阶段。根据大庆油田的实践，认识到油田开发整个高产稳产过程，是不同油层、不同油井之间量的接替稳产过程。一个开发区的接替稳产过程大体分为三个阶段。

①以开采主力油层为主的阶段。这个阶段主力油层和中低渗透率油层中发育较好部分的作用得到充分发挥，油田产量稳定在较高水平上。此时，多数油井从不含水到处于中低含水期采油，见水层不多，生产能力旺盛。但随着主力油层含水增高，层间矛盾逐渐加剧，因此必须通过放大生产压制各种工艺措施，调整层间和平面矛盾以保持稳产。这一阶段大体可采出地质储量的15%~20%，综合

含水达到50%～60%。

②中低渗透率油层接替稳产阶段。此时，主力油层含水较高，产量递减，主要依靠发挥中低渗透层的作用，使油田产量继续保持在较高的水平上。但是多数油井出现多层见水层间和平面矛盾十分严重，必须对高含水油层进行堵水或分采措施，对中低渗透率油层采取压裂改造、高压注水、加密井网等措施，使中低渗透率油层的采油速度高于全区平均采油速度，实现接替稳产。这一阶段大体可采出地质储量的10%～15%，综合含水达到70%～80%。

③以开采差油层、薄油层和残余油饱和度较高部分油层为主的阶段。主力油层和中低渗透层多数含水较高，地下油、水分布复杂，大多数油井高含水采油，产水量大幅度提高，产量迅速递减。高含水开采阶段，主要依靠打零散补充调整井和三次采油方法，增加水驱体积和油层驱油效率。本阶段持续时间较长，大体可采出地质储量的20%左右，综合含水率达到98%以上。

这三个阶段是相互衔接、逐步转化的，各开发区的接替工作也是交错发展的。因此，可根据各开发区、各层系的具体情况，做好接替稳产工作。

（4）按综合含水率变化划分开发阶段。低含水阶段，含水率为0%～20%，包括无水采油期；中含水阶段，含水率为20%～60%；高含水阶段，含水率为60%～90%；特高含水阶段，含水率为90%～98%。此时进入水驱油藏的水洗油开发的晚期，对原油粘度很高的油田来说，很大部分产量在此阶段采出。

以上四种划分开发阶段的依据和方法虽然不尽相同，但大都以年产油量和综合含水的变化作为划分开发阶段的主要指标，因此，也可以考虑将含水率和产量变化综合起来划分开发阶段。

2. 油田开发注水方式

目前，国内外很多油田都采用了人工注水开发方式，大油田普遍采用的是边内（外）注水方式，包括切割注水和面积注水。注水方式选择是否合理，对油田的最终采收率、采油速度和经济效果有直接影响。

（1）切割注水开发。在油田内部进行切割注水，可以分为环状切割注水和直线（或称行列）切割注水。即利用注水井排将油藏切割成较小单元，每一个单元面积做为一个切割区，可以将其看成是一个独立的开发单元，并分切割区进行开发和调整。

边内切割注水方式的采用条件是，油层要大面积分布，注水井排要形成一个比较完整的切割水线，在一个切割区内布置的注水井与生产井有较好的连通性；油层具有一定的流动系数，保证在一定的井排距内，生产井排能较好地见到注水效果，以确保在开发过程中达到所要求的采油速度。

（2）面积注水开发。面积注水方式是将注水井按一定几何形状和一定密度均匀地布置在开发区上。根据布置的井网几何形状不同，面积注水可分为四点法（包括正四点与歪反点）、五点法、七点法（包括正、反两种）、九点法（包括正、反两种）、直线排状和交错面积注水等。

面积注水开发一般采油速度较高，但稳产时间相对较短。

3. 油田开发层系、井网调整

井网、层系调整就是对原定开发方案中确定的井网、层系进行小部分或大部分的变更，以适应油田开发的新情况，达到提高采油速度、控制含水上升速度、延长稳产年限、提高采收率的目的。

井网层系的调整是油田开发过程中不可避免的一个过程，其原因有以下几个方面：

（1）对油田地下情况认识不足。在油田开始进行开发设计和编制开发方案时，不可能对油田地下情况认识很清楚。由于探井、资料井的密度有限，对一些不稳定油层认识不清，而这部分油层往往具有一定工业价值。另外，当时只能认识油田的原始静止状态下的情况，而油田投入开发以后，会引起一系列预想不到的变化，如：

油气饱和度的变化、油藏压力系统的变化、储集层物理性质的变化、储集层中的裂缝和断层的变化等。由于这些原因，都需要对油田开发层系和井网重新进行调整。

（2）开发程序。为了减少油田开发初期的投入，提高经济效益，油田采取先肥后瘦的开发程序，用稀井优先开发好的高产油层，当高产油层产量衰减之后，必然用较密的井网开发低产油层，这就决定了油田必须进行井网和层系的调整。

（3）技术进步。随着钻井技术、测井技术、分层增产增注技术、机械采油等技术的进步，通过新技术、新工艺，改造有开采价值和经济价值的油层，必然要对油田进行调整，调整趋势是“细分层，密井网”。

4. 油田开发试验

为提高最终采收率，必须立足于对油田的正确认识。矿场开发试验是认识油田，掌握开发特点，经济、合理开发油田的最重要环节。

油田开发过程中，要针对具体的油层条件，分阶段有计划地开展矿场开发试验。经过这种科学试验之后，取得的具体认识，就可以应用到生产实践中去，指导油田合理投入开发，在各阶段可有效地采取不同措施，从而达到获得最佳开发效果的目的。

二、采油工艺技术

原油生产方式有两种：一是自喷采油，即由油层进入油井的液体，靠自有能量将液体从井下举升到地面。二是机械采油，即从油层进入油井的液体，由装在动液面以下的泵提升到地面。采油工艺技术主要指采取各种措施把油气从井底采出的一系列工艺技术。油田开发不同阶段，采用的工艺技术重点也有所不同，但不能截然分开，尤其当油田进入高含水期后，地下状况也越来越复杂，工艺技术的综合性也越来越强。采油工艺可分为以下几种：

1. 分层注水工艺

分层注水就是用封隔器把井下的所有油层分成若干层段，在井口保持同一压力下选择各层段配水器的水嘴。以加强对中低渗透层的注水，而对高渗透层的注水量进行控制，防注入水突进。

分层注水工艺，通常由井下配水器、封隔器等专用工具组成的井下管柱来实现。

2. 分层采油工艺

用封隔器与配产器组成井下管柱，可按配产要求选用井下油嘴，控制分层段的产油量，进行分层开采。

3. 油井增产、水井增注压裂工艺

利用水力的作用，使油层形成裂缝，提高井底附近油层的渗透能力，扩大供油面积，减少油层中的流动阻力，从而提高油井生产能力和水井注水量。

近几年压裂技术有很大发展，有分层压裂工艺，高粘度汹饱水乳化压裂液转向剂，压裂加配堵、压裂加化堵综合工艺，压裂酸化综合工艺，深井压裂工艺，限流法压裂工艺，技球法多裂缝压裂工艺，水力冲击波压裂工艺等。

4. 油水井酸化工艺

利用酸液能够溶解岩石中所含盐类的特性，来溶解油层孔道中的矿物和砂粒之间的胶结物质，以及溶解井底附近地带的各种堵塞物质，如泥浆、泥饼、沉淀物、细菌和各种杂质，以提高井底附近油层的渗透率，达到增产、增注的目的。目前有土酸酸化工艺，选择性酸化工艺，稠油段酸化工艺，稠油段选择性酸化工艺等。

5. 油井化学堵水工艺

利用化学剂封堵水层，大致分为非选择性堵水和选择性堵水两种。

非选择性堵水是将封堵剂挤入油井的出水层位，凝固成一种不透水的人工隔板，阻挡注入水流入井底。而选择性堵水则是将具有选择性的堵水剂，挤入井中出水层位，使其和出水层位中的水发生化学作用，产生一种固态或胶态阻碍物，以阻止水流入井底。目前，大庆油田广泛应用水玻璃加氯化钙、氨凝、高分子聚合物等非选择性堵剂封堵高含水层。

三、油田地面工程建设

油田地面工程建设的主要内容有油气集输（即将油田各油井生产的油和伴生气进行收集输送和初步加工）、原油储运（即进行接收、储存、发放原油）、油田注水（气）、含油污水处理及公用工程（包括供电、供排水、供热、采暖、通风、土建、通讯、道路等）。按设计要求系统配套建成，以最大限度地满足油田开发的要求，保证为国家生产出符合质量指标的油田产品。

第二节　原油生产计划的编制任务和原则

一、原油生产计划的编制任务

原油生产计划是根据注水采油的特点，结合本企业的实际情况制订出统一的生产建设计划，通过计划来组织、指导和协调采油生产过程中的各项生产经营活动，最大限度地挖掘企业内部的潜力，充分发挥油田地下资源和企业的人力、物力、财力的作用，保证原油产量和其他各项生产建设任务的完成。其具体任务包括：

（1）严格遵循油田开发的客观规律和技术政策，通过计划的编制，组织计划的实施和对计划执行情况的检查，把本单位内部的各种力量和各项工作科学地组织起来，指导原油生产协调地进行。

（2）根据国家和总部下达的计划任务，结合市场的需求，编制本单位的计划。

（3）根据本单位的实际情况，搞好各生产环节和专业计划的综合平衡。采油生产单位以采油为主，还包括采油、注水、油气集输以及井下作业、工程建设、油水井测试等专业工作和钻井、射孔、基建投产等环节，要注意各生产环节和专业计划的综合平衡。

（4）原油生产计划的制订，要充分体现依靠科学技术进步，保证生产发展的原则，把科研和新技术推广纳入采油生产计划之内，定期检查实施情况。

（5）根据本单位各工种之间生产定额覆盖情况，有定额的工种按定额制订和分解生产任务。为此，在制订原油生产计划时，要突出基础工作的安排。

（6）对计划执行情况要定期检查分析，发现问题及时协调，采取各种有效措施，以保证计划的完成。

二、原油生产计划的编制原则

原油生产计划，是指导原油生产经营活动的行动纲领，必须根据油田开发特点和油水运动规律进行安排，有效地调整改造挖潜，这就要立足于地下地上调查，掌握油水运动规律，根据油田地下需要，安排相应措施，改造地面工艺，适应油田长期稳产的需要。

另外，为适应改革、开放、搞活的客观要求和多种经营的需要，必须搞好市场的调查和预测，使生产经营计划符合社会主义市场经济要求，只有符合市场经济发展的生产经营计划，才能积极地指导和促进企业生产稳定、持续、高速地发展，才能在竞争中立于不败之地。

三、原油生产计划编制的基本要求

采油厂并不是单一型的生产组织，除设采油矿以外，还设有井下作业、测试、工程建设、机修、运输、物资供应，科研辅助生产等单位，所以，原油生产计划的内容也随之复杂化，因而对原油生产计划提出如下要求：

（1）按专业分工管理，统一归口下达，即各种计划由有关专业部门分别管理，由厂计划部门归口，经综合平衡后，统一下达到基层单位执行，这样可保证各项计划的各种指标之间相互衔接协调。

（2）均衡组织。生产原油产量是按日计算的，有节奏地均衡完成计划，是衡量企业计划管理和企业管理水平高低的重要标准，所以，原油产量必须按日安排检查，发现问题及时采取有效措施，克服薄弱环节，确保均衡完成计划。

（3）注意采油过程中的各种比例关系。在制订原油生产计划过程中，必须注意注水采油的比例关系；各类油层产量的比例关系；原油生产和集输能力的比例关系；油田注水量和供水能力的比例关系；产量和地质储量的比例关系。

（4）认真搞好综合平衡。综合平衡是计划工作的基本方法，重点要搞好以下方面的综合平衡：

①进行需要和可能之间的平衡。需要集中反映在国家下达的计划任务和市场需求中；可能则集中反映在企业的综合生产能力上，这种平衡主要是使企业的综合生产能力适应国家计划和市场需求。

②以长期稳定生产为目标，进行基本生产各环节之间的平衡原油生产，主要有注水、采油、井下作业三个基本生产环节，这三个基本生产环节是相互促进、互为条件的，在确定原油产量指标的时候，同时要相应的确定油田注水指标，保持注采平衡。为实现这种平衡，就要动用井下作业等手段，安排相应的综合调整措施，保持油田有旺盛的生产能力，实现稳定生产的目标。

③以油井投产为核心，组织油田开发四大环节在时间上的衔接平衡。油田开发有钻井、射孔、基建、投产四个环节，这四个环节在时间上是按顺序进行的，组织这四个环节的平衡，根据计划投产日期和产量衔接的要求，按照各个环节工作量的大小，统筹运行，

正确指导各环节之间在施工过程中保持时间上的衔接，保证新井按计划时间投产，满足产量需要，确保产量计划的完成。

人、财、物的平衡，以取得最佳的经济效益为原则。搞好资金、材料、设备和人力等方面的平衡，全面计划，统一协调。

第三节　原油生产计划的编制

一、原油生产计划的分类

（1）按管理层次分企业（油田）计划、采油厂（三级单位）计划、采油矿（大队）计划、采油队和班组作业计划。

（2）按计划时间分中长期计划（5 年生产计划、10 年生产发展规划），短期计划（年、季、月度生产计划）。

二、原油生产计划指标体系

编制原油生产计划的中心内容是确定原油生产计划指标。

原油生产指标是用数字表示的产出（注入）量，质量和经济技术指标，是指在计划期内要达到的油田企业生产经营目标，是考核企业生产经营成效的主要依据。每一项指标表明原油生产过程中某一方面的技术经济活动现象及其特定目标，而各项指标之间又是相互联系和相互制约的。因而，这些指标就构成了一个完整的指标体系。为了全面反映油田企业的原油生产情况，必须有一系列相互联系的指标，即原油生产计划指标体系。

1. 原油产量、产值、质量指标

（1）原油产量。原油包括天然原油和人造原油（即页岩原油、煤炼原油）。天然原油产量，指企业计划期内从采油井或排液井井口产出，经油、气、水装置分离，进入集输系统或未进入集输系统销售和就地利用第一次计量的原油产量以及因事故、自然灾害从探井、报废井、未交采油单位或未具备生产条件的井产生落地油和从油（气）田、油（气）井井口直接回收或经处理装置回收以及从天然气回收的轻烃。

目前天然原油产量采用倒算法计算，今后在计量手段完善后应采用正算法。所谓倒算法就是根据计划期内销售量、自用量、损耗量及期末、期初库差倒算出计划期的原油产量。

其计算公式如下：

原油产量＝期末库存量＋统配商品量＋其他销售量＋企业原油自用量＋原油损耗量－期初库存量

式中：统配商品量指计划期内油田按总部分配计划交付给管道局和直接交付给用户的原油产量，也包括油田所属炼油厂、化工厂、化纤厂等用油量和代料加工用油量；其他销售量指计划期内交付给未列入总部分配计划的其他单位的用油量，也称为企业外销量；企业原油自用量指计划期内企业内部自用的全部原油量，包括采油生产自用量、辅助生产自用量、勘探钻井油建用油、油田长输管道用油和其他用油；原油损耗量指计划期内在原油集输、储存、装卸、脱水、脱盐、脱气等过程中发生的自然损耗以及清罐、事故损失；期末、期初库存量指计划期内全油田集输系统净化处理符合规定质量标准的所有油罐的库存量之和。

（2）产品质量标准。企业的产品质量指标指企业计划期内生产的各种产品应达到的质量标准。原油的质量指标包括：

①原油含水率是指原油中所含的水量占全部原油混合量的百分比，它是反映原油质量的重要指标。

$$原油含水率=\frac{原油含水量}{原油混合量}\times100\%$$

原油含水量＝原油混合量×化验含水率

②外运原油含水率。该项指标是指外运原油中含水量占全部外运油混合量的百分比，它是反映外运原油质量的主要指标，其计算

公式为：

$$外运原油含水率=\frac{外运原油含水量}{外运原油混合量}\times 100\%$$

式中外运原油含水量 =Σ（外运原油混合量 × 化验含水率）

（3）产值指标包括总产值、净产值和增加值指标。

①总产值是以资金表现的企业在计划期内生产的工业新产品总量，它是反映计划期内，工业生产、工业总规模和工业水平的重要指标，其中包括成品价值、工业性作业价值和自制半成品、在制品期末期初差额价值。

对原油生产来说，工业总产值是以资金形式表现的企业计划期内生产的原油总产量，其中包括：

a. 计划期内外销的原油价值。

b. 计划期内拨交给本企业综合利用的原油价值，如炼油、化工等综合利用的原油价值。

c. 计划期内企业其他用油量价值，如勘探、基建等其他非工业部门和生活福利部门等单位用的原油价值。

油田工业生产过程中自用的原油和损裁量不计算工业总产值（包括采油生产，辅助生产和油田外输管道的自用和损耗）。

d. 油田对外收费管线的收入和油田对外运输的收入计入总产值。

计算工业总产值采用的价格有两种：不变价格和现行价格。

不变价格是指在计算不同时期的总产值时，采用同一时期或同一点的工业产品出厂价格，它又称“固定价格”。用不变价格计算工业总产值，主要用以消除不同时期价格变动的影响，以保证计算工业发展速度时的可比性。

现行价格是指计算工业总产值时，采用的计划期内产品预期销售价格。计划期内产品销售价格前后有变动，或同一种产品在同一时期有几种销售价格的，应分别按不同价格计算总产值。

②净产值。原油生产净产值是指企业计划期内原油生产活动新创造的价值。原油生产净产值是从工业总产值中扣除物质消耗以后

的产值，它是企业新创造的价值，不包括转移价值，没有重复因素，既反映了原油生产的增长速度，又反映了企业的经济效果。和其他工业产品一样，原油净产值有以下两种计算方法。

a. 分配法：按分配法计算的净产值，是根据原油生产新创造价值属于国民收入初次分配的各项要素相加求得的净产值。其计算公式如下：

净产值 = 应得原油销售利润和税金 + 工资 + 提取的职工福利基金 + 利息支出 + 其他（非物耗）

b. 生产法：按生产计算的净产值，是从原油生产总产值中减去物质消耗价值求得的净产值。其计算公式如下：

按现行价值计算的净产值 = 按现行价格计算总产值 - 按现行价格计算的物质消耗价值

③增加值。原油生产增加值是国民生产总值的组成部分。原油生产增加值是原油生产净产值与固定资产折旧、储量有偿使用费之和（不包括非物质生产部门的劳动费）。

2. 油田注水计划指标

为了保持或增加地层压力，提高驱油效果和采收率，根据油层物性及压力具体条件，在采油生产中选一批专门的注水井，通过注水设备向油层注入一定数量、符合标准水质的清水量，称为注水。

反映注水及其效果的主要指标有注水量、污水净化后的回注量、注采比和分层注水合格率等。

（1）注水量是指通过注水设备注入油层的水量及增注措施中挤入油层的水量。

（2）污水回注量随同原油的采出，同时也产出大量的水。含水原油必须进站脱水，以保证原油质量，经过脱水处理后的水即为污水。为减少环境污染，这部分污水必须处理并加以综合利用。通过沉淀及化学处理后，符合水质标准，再通过正常注水井回注油层，这部分注入量即为污水回注量。

污水回注量即可反映油田的环保状况，还可反映油田水资源综合利用程度。

(3) 注采比是指注入剂所占地下体积和采出物（油、气、水）所占地下体积之比，是反映平衡注水情况的指标，也可以从中观察分析地下亏空情况，为及时调整注水方案提供依据。其计算公式如下：

$$月（累积）注采比=\frac{月（累积）注入剂所占地下体积}{月（累积）采出所占地下体积}\times 100\%$$

注入剂累积注入量所占地下体积和累积采出物所占地下体积之差（上式中分子、分母之差）即累积亏空。如果注入量小于采出量，表明地下亏空，应采取加强注入等措施；若注入量大于采出量，表明无亏空，应控制注入量。

(4) 分层注水合格率。注水采油的主要目的，是要求每个油层都能均匀出力，以保持油田稳产，一般都按配注方案采取分层注水。为了考察分层注水达到配注水方案要求的程度，还必须计算分层注水合格率。其计算公式如下：

$$分层注水合格率=\frac{分层注水合格层段数}{分注总层段数-计划停注层段数}\times 100\%$$

上式说明分层注水符合配注方案要求的层段数占分层注水总层段数比例。分层注水合格率高，表明分层注水效果好。

(5) 注入水质量标准。油田注水除对注水量、注采比有要求外，对注入水的水质标准也有明确的要求，清水要有以下控制值：含铁量、含杂质、含氧量、含细菌、含硫化氢和 pH。

地面污水处理后用于回注，其水质标准主要控制指标与清水相同。对含油污水回注的水质要求，则主要增加含油量控制指标。

注入水质量计划指标有：清水水质合格率和污水水质合格率。

3. 油田增产措施计划指标

增产措施是指油田开发过程中，为维护油井和水井的正常生产、改造油层、提高原油产量而对油井和水井采取的作业措施。它的目的是提高油井和水井的利用程度，改善油层渗流条件以及出油和吸水能力，使之达到合理开采油田，提高开发效果，保证油田稳产高产。

油田增产措施，一般有以下作业项目：

（1）油水井压裂有普通压裂、限流法压裂、多裂缝压裂等多种工艺方法。该项作业通常是指采用高压设备、特殊的井下管柱，将油层压开裂缝，改善渗透条件，以提高油水井的出油和吸水能力，达到增产，增注的目的。

（2）油水井大修包括对油水井的大修作业，如解卡、落物打捞、套管整形加固、套管补贴、浅层取套以及邻井封堵等作业。

（3）油井化学堵水是利用化学堵剂封堵油井的高含水层，以达到降水增油的目的。目前，国内外油田一般采用的是非选择性堵水法，即以水玻璃、氯化钙为堵剂的双溢法堵水。

（4）油井分层配产，注水井分层配注。在油田开发中，采用分层注采工艺技术对油井进行分层配产，对水井进行分层配注，以调整油井和水井层间的矛盾，提高开发效果。

（5）检泵下泵。对机械采油井进行深井泵和电泵的检泵以及对新井下泵的作业。

增产措施作业的计划指标，解释和计算公式详见本书第十五章石油井下作业工程计划的编制。

4. 油田含水上升率

注水开发的油田，是靠从地面往油层内注水驱油的，注入的水要随同原油从地下返回地面，使生产的原油含水量逐步上升，这是不可避免的，但要使油田长期稳定生产，就必须控制油田的综合含水上升率，这是油田开发的关键。

（1）综合含水上升率是指每采出1%地质储量的原油，油田综合含水上升的程度。其计算公式如下：

$$综合含水上升率=\frac{期末综合含水率-期初综合含水率}{期末采出程度-期初采出程度}$$

式中：综合含水率是指油田产液量含水比值，反映了油田出水的现状，含水率高，说明油田产水量高。

（2）综合含水率。为了便于控制油田综合含水上升率，需掌握综合含水率的含义。

综合含水率表明油井产液量含水比值，反映油井出水的程度，综合含水率是一个开发单元（区块）各种油井产液量含水率的加权平均数。其计算公式如下：

$$综合含水率=\frac{产水量}{产液量}\times 100\%$$

式中：产水量是指油井在产油过程中产出的全部水量，由于采出的水和原油是混合液量，难以分别计算，一般均采用以下方法计算：

产水量＝脱水站的混合液处理量－脱水后的纯油量＋其他未进脱水站的原油含水量

以上等式右端的混合液处理量，就是从井内采出的产液量，为产油量和产水量之和。

综合含水率反映了油井出水的现状，含水率高，说明产水量高，必然影响原油产量，相应地也将加大原油脱水工作量，增加脱水费用，一些高含水井还可能导致水淹和关井。为此，必须经常分析综合含水率的变化，掌握油水动态规律，改善油层注水工艺，调整油井工作制度，提高驱油效果。

（3）递减率。在油田开发过程中，因采出程度增加、地层能量下降及注入水（或注入油层的其他驱油物质）等自然因素的影响，而使生产能力降低。递减率就是反映生产能力降低程度的指标，它可分为自然递减率和综合递减率两种。

①自然递减率是单纯反映生产能力降低程度的指标，表示油田在开发过程中，由于油层能量下降，注入水的上升等原因而引起的老井产油量的自然递减量。其计算公式如下：

$$自然递减率=\frac{A\times T-(B-C-D)}{A\times T}\times 100\%$$

$$或\qquad =(1-\frac{B-C-D}{A\times T})\times 100\%$$

式中：A——上年12月标定的老井日产水平；

T——1－n月天数，$A\times T$为1－n月老井应产油量；

B——1－n月实际总产油量（包括去年老井和今年新井油量）；

C——1－n月投产的新井累积产油量；

D——1－n月措施井累积增产油量。

产量递减率指标反映了油田产量递减的客观影响，为此，应当努力控制自然递减率，减缓老井产量递减率，同时搞好三个接替，即高产油井投产后要有老井的稳产来接替；高产区块开发后要有后备区块接替；已开采的油田要有勘探上新发现的油田来接替，以保持石油工业的持续发展。

②综合递减率是综合反映油田增产措施效果、注水效果和地层能力下降程度的指标，如果综合措施效果好，油层能量下降就可以减缓，故老井产量综合递减率既反映油田开发，又反映油田管理水平。其计算公式如下：

$$综合递减率=\frac{A\times T-(B-C)}{A\times T}\times 100\%$$

$$或\qquad =(1-\frac{B-C}{A\times T})\times 100\%$$

式中：A，T，B和C的解释见自然递减率。

（4）油田资料全准率。油田开发资料是开发油田的眼睛，能否开发好油田，关键在于能否取全取准并能充分利用所需要的各项开发资料数据，有足够的和准确的资料数据才能正确地分析油田开发动态情况，以便为进一步开发好油田，提高油田的采收率，制订出合理的油田开发调整方案。

油田资料全准率是指所录取的准确的资料占应录取的资料的百

分比。其计算公式如下：

$$资料全准率 = \frac{准确的资料}{应录取资料} \times 100\%$$

式中：母项为油田开发中计划期内应录取的全部资料数据。子项为所录取的资料数据减去不准的数据，不包括漏取的资料。

（5）原油生产能力是指油田开发方案已经全部实施，规定的采油、注水等系统工程配套建成，在设计的生产压差下全部采油井的年采油量。

原油生产能力反映油田开发的实际水平，是制订计划、指导生产、安排建设的重要依据，也是研究石油工业内部各环节的比例关系、加强油田生产管理的重要依据。

已开发油田的生产能力并不是一次建成后就能持续稳定生产下去，随着地下石油资源减少到一定程度，其生产能力将逐步递减。

原油生产能力要以开发区块或油田为单位进行计算，其计算公式为：

本年年末原油生产能力 = 上年年末原油生产能力 + 本年新增原油生产能力 – 本年减少原油生产能力

新增原油生产能力 = 新增采油井口数 × 平均单井日产油量 × 生产天数。

式中：新增采油井口数指开发方案计划建成数，注水采油配套、具备生产条件或已投产的全部新增采油井口数。

生产天数，自喷井一般为 330 天，抽油井一般为 300 天，其中稠油出砂井为 280 天。

原油生产能力通常以万吨/年表示。

安排新增原油生产能力计划时，还应考虑以下各点：

①老油田新增加的开发区和新开发层系，要按设计方案计算新增生产能力。

②断块开发区要分断块计算新增生产能力。

③靠天然能量开采的开发区，要按边水底水补给的程度确定可

以稳产的采油速度，依此计算新增生产能力。

④老开发区内的零散调整井、观察井以及检查井，不计算新增生产能力。

⑤老开发区如进行开发层系，井网和注采系统调整时，应按调整方案确定新增的原油生产能力。

5. 技术经济指标

为了更好地完成原油生产计划任务，满足国家需要，提高企业原油生产的经济效益，并为编制计划提供依据，在编制原油生产计划时，还必须考虑技术经济指标。

反映原油生产的技术经济指标主要有：

（1）原油商品率是反映原油生产商品化程度的指标，指计划期内可供销售的原油商品量占原油产量的百分比。其计算公式如下：

$$原油商品率=\frac{原油商品量}{原油产量}\times 100\%$$

式中：原油商品量对油回来说，等于原油产量减去采油生产自用量辅助生产自用量、油田外输管道用油量及原油损耗量。在原油产量相同的情况下，油田商品化程度越高，表明向社会提供的使用价值和价值就越多。

（2）原油统配商品率是反映国家对企业下达的原油分配计划指标，指计划期内原油计划统配商品占原油计划产量的百分比。其计算公式如下：

$$原油统配商品率=\frac{原油统配商品量}{原油产量}\times 100\%$$

式中：原油统配商品量是指计划期内，可供国家按计划统一分配的原油商品量。

（3）原油自用率是反映原油生产及企业能耗的主要指标，指计划期内企业自用原油量占原油产量的百分比。其计算公式如下：

$$原油自用率=\frac{企业自用原油量}{原油产量}\times 100\%$$

（4）原油损耗率是指计划期内企业原油损耗量占全部原油量的百分比。其计算公式如下：

$$原油损耗率=\frac{原油损耗量}{原油产量}\times 100\%$$

（5）原油稳定率是指计划期内原油经稳定装置处理的数量与应处理量之比。其计算公式如下：

$$原油稳定率=\frac{原油稳定装置计划处理量}{应处理原油量}\times 100\%$$

（6）轻烃回收率是指计划期内轻短产量与油（气）加工装置处理量之比。其计算公式如下；

$$轻烃回收率=\frac{轻烃产量}{油（气）加工处理量}\times 100\%$$

（7）油井综合利用率是反映采用油井日历时间计划利用程度的指标，指企业计划期内计划生产小时数之和占全部采油井日历小时数之和的百分比（扣除汁划关井日历小时数之和）。其计算公式如下：

$$油井综合利用率=\frac{各开井生产小时之和}{各采油井日历小时之和-计划关井日历小时之和}\times 100\%$$

（8）油井利用率是反映采油井计划开井程度的指标，指企业计划期内计划开井占全部采油井（扣除计划关井）的百分比。其计算公式如下：

$$油井利用率=\frac{开井数}{采油井数-计划关井数}\times 100\%$$

（9）采油时率是反映采油井开井的日历时间利用程度的指标，指企业计划期内采油井开井采油小时之和占这些油井日历小时之和的百分比。其计算公式如下：

$$采油时率=\frac{各开井的采油小时之和}{各开井的日历小时之和}\times 100\%$$

在油井综合利用率、油井利用率和采油时率公式中，采油井是指已完成地面建设配套设施、具有一定生产能力并投入生产和试采的产油井（包括排液井）。

开井数：一般以月为计算单位，是指当月连续生产 1 天（24 小时）以上并有一定产量的油井。间歇采油的井在 1 天内连续生产达到规定时间的油井也叫开井，新井月末投产有一定产量也算开井。

计划关井：包括计划内按规定进行测压作业占用的油井，钻井施工要求关闭的井，为开展研究试验及调整井网、层系而关闭的井，间开井在恢复压力期间的关井等。

开井采油小时之和：是指计划期内油井的开井采油时间，包括间歇自喷井恢复井底压力的时间，抽油井等待液面上升以及稠油开采中注蒸气、闷井的时间，但不包括修井、试井、测压、解除事故及其他原因而关井的时间。

开井日历小时之和：是指计划期内油井开井的日历时间，包括开井生产时间和非生产时间，非生产时间包括技术必要的停产时间，如增产措施作业、工作制度的改变等所占用的时间和由于生产管理不善而引起的停产时间。

新投产井应从投产之日起计算日历小时数，排液井转注应从实际注水之日停止计算油井日历小时数。

（10）注水井综合利用率是反映注水井日历时间利用情况的指标，指企业计划期内注水井注水时间占注水井日历时间（扣除计划关井时间）的百分比。其计算公式如下：

$$注水井综合利用率 = \frac{各注水井注水小时之和}{各注水井日历小时之和 - 计划关井日历小时之和} \times 100\%$$

如计划期内无新投注水井和报废井时，注水井综合利用率也可按下列公式计算：

注水井综合利用率（%）＝注水井利用率（%）×注水时率（%）

新投注水井（包括新转注的）从开始注水之日起计算日历小数。

（11）注水井利用率是指注水井开井数占全部注水井（扣除计划关井）的百分比，它反映注水井的开井程度。其计算公式如下：

$$\text{注水井利用率} = \frac{\text{注水井开井数}}{\text{全部注水井数} - \text{计划关井}} \times 100\%$$

式中：注水井开井数，在计算月注水利用率时，是指在当月内连续开井注水 M 小时以上的原注水井。

计划关井数指在计算月注水井利用率时，全月井下作业占用（包括钻井施工要求关闭的井）和全月进行方案试验的井。

（12）注水时率是指注水井开井注水小时数占注水井开井日历小时数的百分比。它反映开井的日历时间利用情况，计算公式如下：

$$\text{注水时率} = \frac{\text{各开井的注水小时之和}}{\text{各开井的日历小时之和}} \times 100\%$$

6. 轻烃生产计划指标

轻烃是指在油田的开采过程中，通过对原油进行稳定（包括负压稳定及原油蒸馏稳定工艺）获得的轻质饱分和对油田伴生气采用制冷方式（包括氨等制冷剂制冷、节流制冷、膨胀，制冷和气波制冷等工艺）生产的液体的混合炬，密度范围在 0. 55 ~0. 65g/cm^3。

在现阶段，轻烃产量包括在原油产量之内，在编制原油产量计划时不单独计算轻烃产量。为合理开发和利用油气资源，搞好油气初加工，为石油化工企业提供更多的原料，需要单独建立轻烃生产计划指标体系，主要包括产量、质量和技术经济指标。

（1）产量指标。轻烃产量是企业计划期内，原油经处理装置回收的轻质馏分和油田伴生气经制冷方式生产的液体混合烃，进入集输系统或未进入集输系统就地利用的一次计量的轻烃量。其计算公式如下：

轻烃产量 = 原油处理量 × 原油处理轻烃回收率 + 总集气量 × 气轻烃回收率

式中：原油处理量是指计划期内原油稳定装置实际稳定的原油量。

原油处理轻烃回收率是反映原油中回收轻烃水平的指标，指计划期内从原油中回收的轻烃量与稳定的原油量的比值。其计算公式如下：

$$原油处理轻烃回收率=\frac{计划期内从原油中回收的轻烃生产量}{计划期内稳定的原油量}\times 100\%$$

总集气量是指计划期内处理的湿气量。

气轻烃回收率是反映从油田伴生气（湿气）中回收的轻烃生产量与处理的湿气量的比值。

$$原油处理轻烃回收率=\frac{计划期内从湿气中回收的轻烃生产量}{计划期内处理的湿气量}\times 100\%$$

（2）质量指标。轻烃质量合格率是反映轻烃质量水平的指标，是指计划期内采集样品数和不合格样品数之差占采用采集样品数的百分比。其计算公式如下：

$$轻烃质量合格率=\frac{采集样品数-不合格样品数}{采集样品数}\times 100\%$$

一个样品控制六项指标（甲皖含量重量百分比、总硫含量重量百分比、含水、密度、机械杂质、饱和蒸气压）。其中一项不合格，该样品即为不合格样品。

（3）技术经济指标。油气装置开工时率（%）是反映油气处理装置开工的日历时间利用程度的指标。指企业计划期内装置（原油稳定、浅冷、压气站和深冷）开工时数之和占计划期内日历时数与装置套数之积的百分比。其计算公式如下：

$$油气装置开工时率=\frac{计划期内各装置开工时数之和}{计划期内日历时数\times 装置套数}\times 100\%$$

式中：油气装置是指已完成地面建设配套设施，具有一定生产能力投入生产的油气装置；油、气装置开工时数之和是指计划期内装置开工生产小时之和；日历时数是指计划期内装置开工的日历时间。

三、原油生产计划的编制

1. 计划编制的程序

现行计划编制的程序，是“两下一上”，即先由计划部门同各专业部门一起，根据原油（气）商品量需求指标，结合油田生产的实际情况，拟定出计划纲要，反复征求意见，经综合汇总，统一平衡后，制订出全油田（或全厂）生产计划草案，提交经理（或厂长）办公会讨论，批准后正式下达给各单位贯彻执行。

2. 计划编制的依据

计划编制的依据主要包括：

（1）企业油田开发的方针，政策。

（2）市场对原油（气）的商品需求量。

（3）本单位中长期发展规划。

（4）市场对原油（气）的商品需求量。

（5）本单位的现有生产能力。

（6）计划期的新增能力，综合技术措施及新技术推广的预期效果。

3. 计划编制的步骤

计划编制一般按以下三个步骤进行：

（1）计划编制的准备阶段。这个阶段也称计划的前期，主要是搞好调查研究，分析预测前期计划执行情况及存在问题，收集和计划有关的资料，了解单位领导和上级主管部门对本期计划的要求，形成一个初步的轮廓，同时作好计划表格的设计等准备工作。

（2）测算及平衡阶段。将准备阶段收集到的情况和有关数据进行加工整理，测算计划期的相关指标，上下结合、个别协商、拿出计划安排意见，由计划部门综合平衡汇总形成草案。

（3）计划的确定阶段。计划草案提交经理（或厂长）办公会讨论，进一步平衡，按照讨论的意见，修改计划草案。然后，由主管领导签字，以文件形式打印成册，上报下达。

计划一经批准下达，必须认真贯彻执行，确保各项计划完成。由于客观原因影响需要调整计划必须经过上级批准。

正式下达的计划必须有编制说明，重点说明计划编制的依据，指导思想及编制原则，完成计划任务的有利条件和不利因素，及相应措施和具体部署。

（4）注意事项。计划编制中应注意的事项，具体包括以下内容：

①原油生产的各项计划任务是通过一系列的计划指标来表示的，应当合理选择指标体系，使其能正确反映企业的生产经营活动状况。

②编制原油生产计划，确保油田稳定生产，要突出安排好原油产量、注水、产能建设和增产措施计划，做好原油产量平衡和产运销平衡，对增产增收措施、工作量逐一落实并搞好提液、控水、储采三个结构的调整，使注采保持平衡，实现原油均衡生产。

③在安排注水计划时，要做到合理注水。注水量计划应根据油田开发方案的要求，计划采出地下体积的多少，按一定的注采比确定。

注入水对于泅层来说，既有利又有弊，注水量不足，起不到驱油效果；注入过量，会增加油层的出水量，甚至会造成油井水淹。所以，要经常注意错综复杂的油水变化，研究水注入量与采出量的关系，达到均衡注水，为合理编制注水量计划提供可靠的依据。

④在产能建设计划安排中，要认真做好钻井、射孔、设计、基建、投产衔接的安排协调运动中出现的矛盾，及时进行调整，保证按期建成投产。老区调整改造计划安排要本着突出重点、照顾一般的原则，根据建设资金的情况，量力而行，做全面考虑和统筹安排。

第四节　原油生产平衡分配计划

一、原油生产平衡分配计划的意义

原油生产平衡计划实际上就是产运销平衡计划。在当前，原油仍是国家重要的统配资源，对确保完成统配商品率，降低消耗，安排好原油自用量和自销量，保证原油生产各环节的协调发展，提高经济效益都具有重要的意义。

二、原油生产平衡分配的原则

编制原油生产平衡分配计划主要是为了取得最佳经济效益，保证充分合理地使用石油生产资源，并协调油田的产运销工作，因此，在制订平衡分配计划时，必须坚持以下原则：

（1）增强全局观念，确保原油统配任务的完成。

（2）从严控制油田内部用油（气），严格审查自用油流向、依据和效益。

（3）对自销油（气）要充分利用国家和总部给予的政策，研究市场流向和价格走势，提高经济效益。

（4）努力节约挖潜，减少油（气）损耗量。

三、原油生产平衡分配计划的编制

原油产量的平衡计划可以以油田企业或油矿为单位，根据企业产量计划的使用方向进行分类平衡，也可以按某一级采油生产单位进行平衡。在编制原油生产计划时，主要是依据企业的产量计划和原油使用方向进行分配平衡。对油田企业和采油单位（厂、队）来讲，平衡分配关系也不尽相同，其平衡分配关系如下：

第一，按油田企业计算：

原油计划产量＝计划原油统配商品量＋计划外销量＋计划油田自用油量＋油田原油生产损能量＋（计划期末库存量－期初库存量）

第二，按采油单位计算：

原油计划产量＝计划原油商品量＋计划自用油量＋原油生产损能量＋（计划期末库存量－期初库存量）

从以上两个原油产量的平衡分配关系中，反映了计划期原油产量不全是向市场提供的商品量，其中既包括商品量（销售量），也包括了生产及储输过程中的损耗和生产过程中的自用油量。

可以看出，原油生产平衡分配计划是以实物量表现的物料平衡，在一般情况下，油田在编制平衡分配计划时，对原油统配商品量（原油商品量）和计划外销量的平衡计算，可以采用按用户销售量分组的方法：

（1）计划内用户销售量，即计划期内生产的、可供国家按计划统一分配给用户的原油商品量。在这里，总部内部各项用油，其中包括：稠油加工用油，油田带料加工用油，省市地方用油，油田所属的炼油厂、化工厂、化纤厂等自营油、自销运不出的原油等都已经国家有关部门核定，并按不同用户的用量，纳入平衡分配计划，计划内分配量是指可供国家按计划统一分配销售的原油商品量，因此在平衡中也同样应该包括期末期初的库存差额。

（2）计划外销量，即计划期内生产，未列入国家（或总部）分配计划的其他用户用油量，其中包括销售的落地油、单井油和零散轻烃。

另外，为了加强轻烃的管理，了解轻短的使用方向，经原油稳定装置处理和天然气装置处理后生产的轻烃，一般都应单独计算，其总量应计入原油产量之中，在轻短产量参与原油生产平衡分配计划安排的同时，也应单独做好轻烃的平衡分配计划。其平衡公式基本与原油产量平衡分配计算公式类同。

主轻烃产量 = 外销量 + 自用量 + 损耗量 + 库存量（期末库存量 - 期初库存量）

轻烃生产量的平衡分配计划，也与原油生产量平衡分配计划的编制方法一样。

第五节　原油生产经济效益计划

一、原油生产经济效益的主要内容

企业的经济效益是企业生产经营活动好坏的重要标志。油气公司经济效益计划的具体内容可归纳为以下四个方面：

（1）必须有生产成果。在生产过程中消耗了劳动和物化劳动，却没有取得相应的生产成果，必将导致无效劳动，而出现亏损也就意味着没有经济效益。

（2）必须生产符合市场需要的产品。所谓符合市场需要，简单说就是产品要适销对路，当然，在国家对原油实行计划管理的前提下产销基本是衔接的，但在编制经济效益计划时，要有市场的观念。

（3）必须同时考察劳动消耗和劳动占用情况，即产出的成果一定要大于投入的消耗，才能有经济效益。

（4）经济效益既包括微观经济效益，也包括宏观经济效益。宏观经济效益是整个经济活动的总效益，微观经济效益体现了基层企业的经济效益，两者应当兼顾。

原油生产企业的经济效益与其他工业企业经济效益有着不同的特点：它的经济效益受石油发展战略规划等内外部条件的影响。因此，制订原油生产经济效益计划，要根据油田不同时期的开采方式，兼顾动态发展和静态对比。当然，从整体来看，经济效益的高低，主要还是根据采用新技术、新工艺、群众性挖潜增产措施和管理水平等情况而定。在相同的地质条件下，如果油田管理水平高，开发方案符合地下地质条件，就可以用较少的消耗生产出较多的原油，取得较好的经济效益。但是，如果这时仅采用动态发展的指标，就难以反映由于采取各种增产措施，改进采油工艺而获得的实际经济效益，而从静态基点对比来讲，此时经济效益比例远远超过动态发展数，所以要充分考虑实际水平，制订出一个合理的经济效益计划。在制订计划时，还要考虑企业经济也受到所在地区社会环境的影响，南方油田和北方高寒冷地区的油田，其单位经济效益的差异都会不同，在高寒地区，自用油量消耗较多，从而导致因商品量较少而影响企业的经济效益。

二、原油生产经济效益计划的编制

在制订原油生产经济效益计划时，所建立的计划指标体系要紧密结合国家政策和市场要求，作全面评价考核，既要有反映创造使用价值方面的经济效益指标，又要有反映生产过程中的劳动消耗与劳动占用方面的经济效益指标。

在编制原油生产经济效益计划时，要确立科学的计划指标，主要包括：原油商品率；工业销售产值；全员劳动生产率；万吨原油生产能力所需投资；万元净产值综合能耗；单位油（气）产品综合能耗；工业净产值；工业总产值。

在制订经济效益计划时，还要根据计划的编制原则，利用综合平衡方法，做好经济效益计划与原油生产计划、财务成本计划、能源消耗计划、物资消耗计划、劳动力计划之间的综合平衡工作，使确定的计划期经济效益计划具有先进性和合理性，同时所定指标要留有余地，经过努力能够达到。

第六节　原油生产计划执行情况的考核

编制和下达计划，只是计划管理的一部分，更重要的是组织计划的执行，为了有效地贯彻执行计划，要对计划的执行情况做经常的、系统的检查并对各级执行单位进行全面考核。

一、原油生产计划的检查

为了完成和超额完成计划，除了抓好计划实施的各项工作外，还必须经常对计划执行情况进行检查，以便及时发现计划执行过程中的问题和新的潜力，并采取有效措施来解决这些问题和挖掘这些潜力。

原油生产计划执行情况的检查，必须紧紧围绕油田开发计划本身进行，计划的指标就是检查的指标，离开了计划来进行检查，或者在检查中重视某种指标，而忽视另几种指标，都是不利于计划的全面实现的。

计划检查的方法是多种多样的，一般来说，检查计划执行情况的各种方法都是结合起来运用的，日常检查是按日或按班进行的经常性检查，它通过班报表、日报表、黑板报、进度表等形式，及时向职工公布检查结果，使职工及时了解每日每班计划完成情况。职工及各级领导或管理部门通过日报反映的生产进度（或产量）和质量，掌握情况，发现问题，以便及时采取措施，保证计划的落实。定期检查，通常是在计划期终了时（例如：月终、季终、年终）进行的，对检查的结果进行比较详细的分析，总结经验，揭露缺点，提出克服缺点的办法，以便在下一个计划期内加以改进。定期检查是比较全面的检查，它包括原油生产计划各项指标完成情况的检查，除了日常检查和定期检查外，油田各级管理单位还需要根据本单位的实际情况，不定期对采油生产建设中的先进环节和薄弱环节以及某些重要问题（如：油田产量、地层压力、含水变化幅度较大、增产措施进度跟不上等）进行专题检查，在检查计划执行情况的各种方法中，都应贯彻领导与群众相结合、自上而下与自下而上相结合的检查精神，计划检查结果要向职工公布，并发布计划执行结果公报，计划的检查应当尽量同“双文明建设”评比竞赛相结合，使计划执行情况的检查真正成为促进计划实现的有力保证。

二、原油生产计划的考核

近年来多数油气企业将原油生产计划指标作为经济责任指标考核，使油田开发建设的各项计划任务与油田职工的个人经济收入直接挂钩，这种考核不仅是计划管理的一个重要组成部分，而且成为实施承包经营责任制的重要内容，原油生产计划指标的考核是通过统计核算实现的，它包括以下考核内容：

1. 原油产量完成情况的考核

原油产量是油田的主要生产指标，检查考核原油产量计划完成情况有两个指标，一是计划完成程度，即计划完成率；二是实际完成的产油量与计划指标相比超欠的绝对值。

（1）计算原油产量计划完成率（或称百分比）公式如下：

$$原油产量计划完成率=\frac{报告期实际产量}{报告期计划产油量}\times 100\%$$

（2）实际原油产量与计划产量比较超欠绝对值的计算方式如下：

实际产量与计划产量比较超欠绝对值 = 报告期的实际产油量 - 报告期计划产油量

为了合理开发使用国家地下石油资源及防止重复计算，计算产量原则如下：

（1）从采油井采出的原油必须进入集输系统，不准进入土油池。

（2）因事故、自然灾害及从探井、报废井、未交采油单位或未具备生产条件的井中产出的落地油，其产量不能按放油量或油池存量计算，应按已销售、已利用和已回收的油量计算原油产量。

（3）原油产量中包括从油（气）田、油（气）井井口直接回收或经处理装置回收利用的凝析油。

（4）油田内不属于对外收费的新管线投产后的管线存油，不能作为库存报产量，待管线报废时消除的原油才能计入本期（消除时期）原油产量。凡报过产量的管线存油在管线报废后清除的原油不能再计入本期生产量，在计算原油平衡时，清出的原油作为增加期初库存处理，并在报表上注明其数量。

（5）计算原油产量，必须建立定期盘库制度，通过检尺或流量计准确地计算。

（6）计算原油产量的库存是净化后，经含水化验，符合标准（或定货合同规定的技术条件）的原油，不符合质量规定标准的原油不作为计产盘库范围，为了掌握油田开发生产动态，应对含水油罐的原油进行单独盘库，单独统计，但不计入产量。

2. 原油商品率完成情况的考核

原油商品率，是指原油商品量占原油产量的比重，这里的商品量是从油田工业生产的角度出发，即凡是走出油田工业生产范围以外均算商品量。因此，油田生产的原油，除损耗和采油生产部门、辅助生产单位自用油以外，企业外销的原油、本油田非工业生产部门与非生产部门的用油、期末、期初库存差额均可算作商品量。

原油商品量对油田来说等于原油产量减去采油生产自用量和辅助生产自用量、油田外输管道用油及原油损耗量。

3. 原油外运含水率考核

因为原油外运（输）含水率指标是一种控制指标，即不能超过的限额指标，故检查考核时利用以下公式：

外运原油含水率完成情况 = 实际原油外运含水率 − 计划原油外运含水率

4. 油田注水指标的考核

油田注水指标主要考核油田注水量完成的情况和分层注水层段合格率。

5. 新增原油生产能力的考核

该项主要考核建成采油及相应配套的生产设施，包括建成采油井、油气计量、集输、储运系统；建成注水井及供水、注水、脱水和供电、通讯、道路等系统工程以及配齐正常生产必要的装备。

6. 油（水）井利用率的考核

油水井利用率完成情况 = 实际油水井利用率 − 计划油水井利用率

此外，在原油生产计划指标完成情况考核中还要对油田综合含水上升率、油田综合递减率、油田资料全准率等指标分别进行考核。

在经济效益指标方面主要考核工业总产值、工业净产值、全员劳动生产率、万元产值综合技能等指标完成情况等。对上述各类指标的全面考核是正确评价企业计划执行情况的依据，也是制订下一年度原油生产计划的依据。

第八章　天然气生产计划

第一节　天然气生产工艺过程概述

天然气是以气态碳氢化合物为主的各种气体组成的混合物，它包括气田天然气、油田天然气（分为油田气层气、原油中伴生的溶解气）和煤田甲烷气。

埋藏的地下碳氢化合物，若以气态存在的都称气田，其中又分为干气田、湿气田和凝析气田。

为了合理开发气田，在详探的基础上，应用气田地质学、地下流体力学、天然气集输、净化工艺学、天然气开采工艺学和天然气工程经济学等方面的理论和科学成果，编制气田地质、开发工程方案。与此同时，编制天然气地面集输方案、天然气处理方案、天然气长距离输送、以及相应的系统工程。最终将不含水、含 H_2S 量不大于 20mg/m^3 的净化天然气，输送给用户作原料或燃料。

一、天然气开采

气田的开发方式有两种：消耗式开发和保持压力开发。消耗式开发是利用气田本身的能量（地层压力）的消耗来开发气田，直到地层压力枯竭。保持压力式开发是采用补充外来能量（如向气层注气）来开发气田。除了经济价值很高的凝析气田采用保持压力开发外，绝大多数气田都是采用消耗式开发。

在消耗式开发中，天然气从气井采出后，经过输气管线输送到用户或处理厂进行净化处理。为了保持输气管线按设计输气量运行，管线始端要保持一定的压力，这个压力称为起点压力，按照气井井口流动压力和输气压力的关系，气田的开发过程，一般经历四个阶段。

1. 产量上升阶段

在气田开发方案实施过程中，随着新井的陆续投产，气田产量不断上升。当气井全部投产时，气田达到设计产量。

2. 高产稳产阶段

当气井全部投产时，气田达到设计产量，一定时期内在较高的产量下，稳定生产。

气田开发初期，由于地层压力高，井口流动压力大于输气压力，故井口流动压力需经节流降低到输气压力后再安全输出。上述两阶段的开发特点如下：

（1）气井普遍采用定产量方式采气。

（2）为了保持气井的稳产，在气藏压力降低的同时，采取逐渐加大针形阀开度以降低井口流动压力和井底流动压力的措施进行采气。

（3）由于井口流动压力大于输气压力，井口有剩余压力，可以充分利用剩余压力进行节流致冷，回收凝析油和生产石油液化气，或进行余压发电等。

3. 产量递减阶段

定产量生产末期，井口流动压力降低到等于输气压力时，气井转入定井口压力生产，此阶段的开发特点如下：

（1）气井产量下降迅速，全气田进入产量递减阶段，且递减速度越来越快。

（2）往往会出现底水或边水推进，要进行排水采气。

（3）为了弥补递减，需要补钻一批开发井。

（4）对于裂缝性的气田或致密地层的气田，还要通过人工压裂的办法，改造含气层，提高产量。

4. 低压小产量生产阶段

定井口压力生产末期，气井产量很小，此时可建立压缩机站采气，降低井口压力，提高采气量，使气田在较高的采气速度下开采完毕。压缩机站投资高，技术复杂，要认真进行技术经济论证，节约采气费用。

在气田正式投入开发前，若有条件应选少数井对气田进行试采，以取得气田的动态资料，如压降规律、井间联通关系和驱动类型等，以计算压降储量、摸清气井的产能和产状，并核实完钻和测试资料。

在气田开发各阶段中，以高产稳产阶段最理想，产量大、成本低。因此，气田投入开发就要加强开发动态研究和生产管理，尽可能延长高产稳产阶段，争取在高产稳产阶段采出较多的储量。

由于天然气是多组分烧短混合物的可燃气体，通常含有 CO 和 H_2S，因而具有易燃、易爆和一定的毒性，还具有压缩性、膨胀性、可溶性和流动性等特点，其开采和使用之间的联系较原油更为密切，所以开采天然气比开采原油更为复杂。

气田开采的任务就是遵循气田、气井开发的客观规律，掌握气田（井）各个时期的生产特点，根据市场需要及不同井况和地层情况，合理定产、平稳安全地生产，更好地满足市场需要，提高气田开发的经济效益，充分合理利用地下阶层。

二、天然气集输

从气井中开采出来的天然气，通过天然气集输系统，将各井所开采的天然气集中起来，净化处理，然后输送给用户使用。

天然气的集输系统包括气田内部集输系统和天然气长距离输送系统。

1. 气田内部集输系统

该系统是从井口到天然气处理厂或直接到输气干线的全部工作系统，其中包括井场集气站、集气管网。

2. 天然气长距离输送系统

天然气气体处理由输气干线、输气支线、城市（用户）配气管网以及各个用途的站、场所组成。它是一个系统的、密闭的、连续的输送系统，其作用简述如下：

（1）井场装置从气（油）井开采出来天然气节流后，在分离器中除去油、游离水及机械杂质，计量后送入集气管线或处理厂的管线。

（2）集气站一般是将两口以上的气井用管线分别从井口连接到集气站，在集气站上对各个气井输来的气分别进行节流、分离、计量后集中送入集气干线。

（3）输气站对天然气进行除尘、除水，检查管输气体的气质；汇集和分配天然气；调压、计量；发送、接收清管球，清除气管内污水和脏物；控制或切断天然气通路，改变天然气流向；利用阴极保护装置（或牺牲阳极装置）保护管线。输气管起占站输气中间站的清管系统和输气干线或支线的终点站的主要任务是除尘、调压、计量、添味及配气。

（4）压气站对管输天然气进行增压，提高输气管线输送能力。压气站分为矿藏压气站、干线压气站和中间压气站。

（5）天然气处理厂当天然气在 H_2S、CO_2 和水的含量超过管输标准时，则需设置天然气处理厂进行脱 H_2S、脱水、脱 CO_2。达到气质标准的净化气方能允许进入输气干线。

除此以外还设有清管站和阴极保护（或牺牲阳极）站。

三、天然气的储存

为了调节天然气的开采、集输和使用，在编制天然气生产计划时，必须考虑天然气的储存。

天然气的储存通常有以下几种方法：

1. 地下储气库

地下储气库主要有三种类型：枯竭气田地下储气库；含水层地下储气库；岩盐穴储气库和其他地下储气库。

地下储气库的地面设施有：注气井及井口装置、集气系统、净化装置、压缩机和动力机。

2. 管束储气库

埋地管束高压储气容量有限，解决不了城市供气调节问题，只能用于个别工厂储存。

3. 地面低压储气

建立地面金属球罐储气，对城市调节用气有一定的作用，我国许多大城市都建立了大小不同的球形气罐。

4. 天然气液化储存

将天然气液化，在液化罐中储存。

目前，埋地管束高压储气容量有限，天然气液化储存投资较大，因而在能找到有利地质条件时，大多采用地下储气库。这种储气方法比较经济，已得到迅速发展。

油田中的气层气，若单独开采，其生产工艺过程与气田气相同。油田伴生气的生产，受原油生产的影响和制约，其集输工艺过程受油气收集方式的影响，在油气分输（双管流程）时，从油层采出的油气混合物经计量分离器计量后，油、气各用一条管线输送到转油站或集气干线。在油气混输时，从油层采出的油气混合物，经分离计量后，气又回到输油管线，在同一条管线内油气一起输到集输泵站，在转油站经分离计量后，用泵加压或靠自流将油送到集油总站（油库），将气输送到集气干线或用户。

第二节　天然气生产计划的编制原则和依据

一、天然气生产计划的编制原则

企业在制订天然气生产计划时，必须遵循以下原则。

1. 根据国家计划和市场需求确定企业生产计划

天然气是稀缺资源，目前供求矛盾十分突出，因此在制订天然气生产计划时，要努力增加生产，最大限度地发挥生产能力。

2. 提高经济效益

天然气工业属于采掘工业，生产过程是开采地下天然气资源的过程。天然气生产的投入既包括天然气勘探、气田建设阶段的投入，也包括天然气开发阶段的投入。天然气的勘探开发和建设等阶段，都要尽量节约劳动消耗和劳动占用，应尽可能以同量的投入获得最大的产出，不断提高经济效益。

3. 科学的开发气田，充分合理利用自然资源

在制订天然气生产计划时必须遵循客观规律，既要考虑目前利益，也要考虑长远利益。

天然气中含有凝析油、硫黄，气田水中含有微量元素。在制订天然气生产计划时，必须坚持以气为主、综合开发的方针，在技术上可行、经济上合理的前提下开发凝析油、硫黄及其他化工产品，以提高气田开发的综合效益，充分利用自然资源。

4. 长期计划与短期计划相结合

为使天然气生产长期稳定、持续、协调地发展，在天然气生产上既要有长期的战略计划，又要有短期的执行计划。

长期计划属于战略决策型，它的侧重点是科学地分析形势，展

望未来，提出可行的战略目标，明确企业天然气生产发展规模。短期计划属于战术决策型，它的侧重点是根据国家计划和市场需求，以及对地下情况认识的深化，进一步落实长期计划规定的任务，执行战略决策。长期计划与短期计划的科学结合，可以使计划保持连续性和阶段性，更好地发挥天然气生产计划管理的职能。

5. 专业性与综合性相结合

天然气生产计划管理部门专职负责天然气生产计划管理工作，制订天然气生产计划。有了目标明确、任务清楚、措施具体的天然气生产计划，企业在天然气生产和分配上才有所遵循。

在制订天然气生产计划时，首先要注意计划的综合性，以便使天然气开采与气田勘探、钻井、井下作业、地面建设等环节的活动相互协调、相互统一。第二，通过综合平衡，正确处理天然气生产计划指标与其他指标的关系，使企业各项指标保持必要的平衡。因此，在编制天然气生产计划时，必须坚持专业性与综合性相结合的原则。

二、天然气生产计划的编制依据

1. 国家下达的计划任务和市场需求

目前，天然气产量和天然气销售，大部分由国家下达计划任务。随着改革的深化，天然气必然要走向市场。因此，国家下达的计划任务和市场需求的变化，都是编制计划的重要依据。

2. 企业现有采气井配产方案或生产能力

地质科研部门根据气田开发动态和开采工艺编制的已开发区计划期配产方案，反映了计划期已开发区在正常情况下的合理产量，是确定已开发区计划产量的重要依据。

已开发区计划期平均生产能力，反映了已开发区计划期正常情况下，可能开采的天然气的最大数量，也是确定计划期已开发区产量的重要依据。

3. 新区开发方案及计划期钻井和气田建设计划

地质科研部门根据气田地质情况和气田开发方针、原则编制的气田开发方案，反映了新区建成后可能达到的生产能力，这是预测新增生产能力的重要依据。

计划期钻井不仅影响到勘探，而且影响到新区的开发建设，气田地面建设直接影响到气井完成后能否投入生产，从而也影响到当年天然气产量。

4. 勘探效果和计划期储量增长计划

天然气储量是天然气生产的物质基础，为了保证天然气长期持续、稳定地增长，计划期新增探明储量和计划期采气量之间要保持一定的比例关系。

5. 国家有关方针、政策、法规及油气田开发方针、原则

气田开发方针、原则，如“综合开发”、“三个接替”、“先高产后低产、少井高产、多井补替、高速度高效率开发油气田”、“滚动式勘探，滚动式开发”等等是开发油气田的技术经济政策，在油气田开发过程中能否正确贯彻这些原则对企业有重大的技术经济影响。为了合理开发气田，提高气田开发的经济效益，在编制气田开发方案时要认真贯彻这些方针原则。在编制生产计划、选择投产顺序、确定开发区块合理产量时，也必须认真贯彻方针原则。因此油气开发方针和原则是编制天然气生产计划的重要依据之一。

6. 工程、地质措施计划

增产措施、气井日常维修、大修、试井、采气新工艺、新技术、试验及推广等工程、地质措施计划，直接影响计划期气井产量和气井利用状况。天然气生产计划必须建立在工程、地质措施计划的基础之上，因此计划期工程，地质措施计划是天然气生产计划的编制依据。

7. 上期天然气生产计划完成情况及其资料分析

计划期天然气生产经营活动是上期天然气生产经营活动的继续，通过对上期计划完成情况的分析，进一步掌握企业天然气生产情况，总结上期计划编制和执行过程中的经验教训，拟定相应的技术组织措施，推广先进经验，克服计划管理工作中不足，提高计划管理水平，为编制计划提供依据。

8. 用户使用情况

天然气开采、输送、使用是一个有机的整体，采、送、用之间相互促进、相互制约和紧密衔接，其中任何一个环节发生问题，都会造成其余两个环节的生产无法进行。因此在编制天然气生产计划时，不仅要收集气井、气田、输气管网有关资料，而且要收集掌握用户有关资料，包括用户分布、所需用气量、用气性质、用气周期等，并以此作为编制计划的依据。没有用户，就不能安排天然气计划产量。

第三节　天然气生产计划指标

一、天然气产量、产值、质量计划指标

1. 天然气工业产量（简称天然气产量）

天然气产量指企业计划期内应该生产的进入输气管网和就地利用的全部天然气数量。

（1）气田天然气产量指企业计划期内应该开采的从气井井口产出，经过油、气、水分离，进入集输管网和就地利用第一次计量的全部天然气数量。

（2）油田天然气产量指企业计划期内应该生产的从油井井口产

出，经过油、气、水分离后，进入集输气管网和就地利用第一次计量的全部天然气数量。

2. 产品质量指标

（1）净化气体含硫量（也称净化度）指计划期内经净化处理后提供用户使用的净化天然气、它在标准状况下每立方米净化气含 H_2S 的数量应该遵守标准。我国目前标准规定，每立方米天然气内含 H_2S 量不大于 20mg。

净化气含硫量计算公式为：

$$净化度 = \frac{净化气含\ H_2S\ 量}{净化气量} \times 100\%$$

（2）净化气合格率指计划期内经净化处理，提供用户使用的净化天然气达到国家或部门规定质量标准的净化气量占净化气总量应该达到的百分比。

净化气合格率计算公式为：

$$净化气合格率 = \frac{合格净化气量}{净化气量} \times 100\%$$

3. 产值指标

产值指标包括总产值、净产值和增加值指标。其计算方法请参阅本书第七章产值指标计算方法。

二、递减率

地下流体力学计算和气田开发的实际统计资料表明，气田开发全过程，按其产量变化规律，大体上可分为：产量上升、高产稳产、产量下降和低产收尾等四个阶段。

在编制天然气生产计划时，应考虑递减率指标，以控制产能下降并进行产能变化预测。

递减率是反映气田开发过程中受采出程度增加、地层能量下降及地层水浸入等自然因素的影响，生产能力降低程度的指标。可分为自然递减率和综合递减率，计算方法请参阅本书第七章递减率指标计算方法。

三、技术经济指标

天然气生产的技术经济指标主要有；采气井综合利用率、采气井利用率、采气时率及天然气商品率等。这些指标的含义、计算方法，请参阅本书第七章的相应指标。

第四节　天然气生产计划的编制

一、天然气生产计划编制程序

企业根据各方面的情况，编制年度天然气生产建议计划上报总部，待总部审核正式下达后，企业再编制正式实施计划，并下达企业下属各二级生产单位。

企业分两步编制生产计划：

第一步，编制预备计划。各三级单位根据批准的总体规划和长期计划编制年度天然气生产建议计划，管理局审核汇总后下达计划控制指标，各三级单位根据下达的控制指标编制计划草案，然后，由管理局审核汇总平衡编制预备计划，同时上报、下达。

第二步，编制正式计划。管理局上报给总部（省、自治区）的预备计划，经批准下达后，进一步综合平衡、编制正式计划，分别下达各三级单位执行。

二、天然气生产计划的编制

天然气生产计划包括天然气产量计划、外销商品量计划、统配商品率计划、进长输管线计划及平衡分配计划。

1. 天然气产量计划

天然气产量计划反映了企业天然气生产规模和发展速度，它不仅是天然气生产计划的重要组成部分，同时也是天然气企业最主要的生产计划。天然气产量计划不仅影响到天然气平衡分配外输商品量、统配商品率、进长输管线等天然气生产计划，而且对企业地质勘探、气田开发、钻井、油气田建设、财务和成本等计划有着重大影响。因此，正确测算和确定计划期天然气产量，对提高企业计划管理水平，有效地指导企业的生产经营活动有着十分重要的意义。

产量计划包括有：老井、新井和措施井的产量，均应列出气田（井）明细安排。根据计划年度生产能力预测产量计划期天然气生产能力，反映了气田开发可能达到的水平，是编制天然气生产计划的重要依据。天然气生产能力包括气田气生产能力和油田气生产能力。

气田气生产能力（以气藏为单元进行测算），指根据气田开发方案确定的生产规模，并已综合完善配套建成地面集输、脱硫、脱水、脱油、加压等装置，形成综合配套能力的全部气井，在一定的生产、技术、组织条件下，一定时期内可能开采天然气的最大数量。

有些不需要建加压、脱硫等装置的，只要具备天然气集输条件，便可计算配套产气能力。

编制天然气生产计划所预测的生产能力是计划期的生产能力，因此不仅要考虑现有生产量能力，而且还要预测计划期新增加的能力和减少的能力。

计划期末天然气生产能力 = 计划期初天然气生产能力 + 计划期新增天然气生产能力 - 计划期减少天然气生产能力。

计划期天然气平均生产能力 = 计划期初天然气生产能力 + 计划期平均新增天然气生产能力 - 计划期平均减少天然气生产能力。

式中：计划期初天然气生产能力，指计划期初、上期末具有的生产能力；计划期新增生产能力，指根据气田开发方案及钻井和气田建设计划，计划期按气田开发方案确定的生产规模并且配套建成地面集输、脱硫、脱水、脱油和加压装置等工程的全部气井的年产能力。

计划期新增生产能力 = 计划新建成综合配套的单井日产能力 × 330 天

计划期减少能力，指气田气井由于递减或其他原因引起的减少能力。

递减减少能力 = 年初能力 × 年综合递减率

计划期平均新增能力，指计划期新增能力中具有实际利用价值的能力。

$$\text{计划期平均新增能力}=\frac{\text{新增能力}}{12}\times\text{新增之月起到年底日历月数}$$

计划期平均减少能力，指计划期全年减少能力中实际减少的能力。对递减减少而言，计算公式为：

$$\text{计划期平均减少能力}=\frac{\text{减少能力}}{12}=\text{年初能力}\times\frac{\text{年综合递减率}}{2}$$

新增能力及平均新增能力由于不仅受地面条件的影响，而且受地下地质条件的影响，预测比较困难，工作中必须加强与地质科研、开发、钻井、气田建设等部门之间的联系，以尽可能提高预测的准确程度。

测算期末能力和平均能力公式中涉及到五个参数。但对某一气田（井）来说，由于所处开发阶段不同，计算公式可以简化。

对已开发区（井）而言，计算公式如下。

稳产期：期末能力 = 期初能力

平均能力 = 期初能力

递减期：期末能力 = 期初能力 − 期初能力 × 年综合递减率

= 期初能力（1 − 年综合递减率）

平均能力 = 期初能力（1 − 年综合递减率/2）

对新开发区（井）而言，计算公式为：

期末能力 = 新增能力

平均能力 = 新增能力/阶 × 从新增之月起到年底日历

油田伴生气生产能力，指在油田开发过程中建成的回收伴生气的配套生产能力。

计划期末油田伴生气生产能力 = 计划期末原油生产能力 × 计划期末油气比

计划期油田伴生气生产能力 = 计划期原油平均生产能力 × 计划期平均油气比

计划期平均能力反映了在一定生产技术组织条件下，计划年度可能开采天然气的最大数量，在此基础上考虑一定的生产能力利用系数，则反映了计划年度可能的合理产量，是综合平衡确定计划年度天然气产量计划指标的重要依据。

计划产量 = 计划平均能力 × 生产能力计划利用系数

计划产量 = 计划期初日产水平 × 365（1 − 年综合递减率/2） + 计划期平均新增能力 × 新增能力计划利用系数

由于油田伴生气生产能力利用系数取决于原油生产能力利用系数，因此：

油田伴气计划产量 = 计划期原油平均生产能力 × 计划期平均油气比 × 原油生产能力计划利用系数 = 计划期原油计划产量 × 计划期平均油气比

（2）根据配产方案预测产量地质科研部门编制的计划期配产方案，是计划部门确定计划期天然气产量指标的重要依据。

气田（井）产量与气井工作制度有关，综合考虑气藏的地质特点和采气条件，气井常见的工作制度有定产量制度、定井壁压力梯度制度、定生产压差制度、定井渗流速度制度、定井底压力制度。气井所选择的工作制度，应保证在开采过程中能从气井得到最大的允许产量，并使天然气在整个生产过程中（地层→井底→井口→输气管线）的压力损失分配合理，而气井工作制度受地质、开发动态、采气工艺、井身技术及用气负荷变化等因素的制约，是十分复杂的问题。因此配产方案的制订也是一个十分复杂的问题。消耗式开发气田不同阶段配产基本方法如下。

①试采期对地层胶结紧密，不易垮塌的无水气井，按绝对无阻流量的15%～20%配。根据试采中既能充分发挥气井的生产能力，又能在较长时间内保持稳定的产量配产。

②高产稳产期根据试采结束后提交的定产报告配产；根据储量大小，不同储量要求稳产时间长短及稳产期内采气量，按采气速度配产：

采气速度：$V_g=(Q_g/G)\times 100\%$

年采气量：$Q_g=G\times V_g$（亿立方米/年）

日产气量：$q_g=(Q_g\times 10000)/330$（万立方米/日）

式中 Q_g——年采气量；

G——天然气地质储量；

V_g——年开采速度；

Q_g——日产气量。

配产中根据储量及要求的相应采气速度计算年采气量（配产量）。根据测试资料，按无阻流量的15%～20%配产。对气水同产井，按临界产量的90%配产。

定产量生产末期，井口流动压力降低到等于输气压力时，气井转入定井口压力生产时，生产进入递减期。

递减期：利用气井产能递减曲线确定配产产量。

（3）综合平衡，确定天然气产量指标在预测计划期内，初步确定生产天然气的数量后，还必须对各方面进行平衡才能最后确定计划期天然气产量指标。在编制计划时综合平衡的主要内容如下：

①任务、市场需求与企业天然气生产能力（或配产方案）之间的平衡指计划全年生产任务与企业年平均天然气生产能力之间的平衡，以及全年计划任务按季分配时，各季生产任务与各季平均能力之间的平衡。气田平均生产能力是积极而又现实可行的，既要充分

利用企业的生产能力，同时又不能超越企业生产能力的可能来安排天然气生产计划。

②天然气总产量指标在企业内部各气田（井）矿区和采气队之间的平衡分配是将计划生产的天然气数合理分配给企业内部各气田（井）或矿区、采气队，进一步落实生产任务，以保证计划任务的完成和超额完成。

平衡分配时既要考虑各气田（井）或矿区、采气队的生产能力，新区（井）投人生产时间，天然气长输管网分布和输气能力，同时还要考虑用户分布及其用气情况。

③天然气产量同储量的平衡是指计划年度计划产量与上年末剩余可采储量之间，计划年度计划产量与计划年度计划新增可采储量之间的平衡。

计划年度天然气产量（特别是新增生产能力所担负产量）必须落实在已探明天然气储量的基础上，同时计划年度天然气计划产量与上年末剩余可采储量以及计划年度新增可采储量间要保持一定的比例关系，以保证天然气产量持续稳定增长和产量与储量之间的协调增长。

④天然气生产同使用之间的平衡包括天然气产量同总需用量之间的平衡，天然气总产量的平衡分配，以及生产与使用在时间上的衔接平衡。在确定天然气产量计划时，必看保证天然气生产同使用之间的平衡，以加强天然气生产、输送与使用之间的衔接，保证计划的实施，同时掌握天然气的使用方向，合理利用天然气资源，并为制订供气计划提供依据。

⑤天然气生产同钻井、气田地面建设之间的平衡是指计划年度新区（井）计划产量与计划年度新区（井）开发建设规模、速度、进度之间的平衡。

2. 天然气外输商品量计划和统配商品率计划

通过天然气平衡分配计划，可测算天然气外输商品量和统配商品率计划指标。

$$计划期天然气统配商品率=\frac{天然气计划统配销售量}{天然气计划产量}\times 100\%$$

根据平衡分配表有关数据，计划天然气外输商品量，天然气统配商品率与上级主管机关下达的有关指标综合平衡后，确定计划期天然气外输商品量和统配商品率计划。

第五节　天然气生产经济效益计划及其执行情况的考核

一、天然气生产经济效益计划

天然气开发的经济效益受投资、市场、社会、生产运行等外部环境，以及气田地质、地理条件、地质勘探、钻井、开发生产技术和管理水平及企业发展战略等内部条件影响。

在一定的外部环境下，气田地下地质条件如气藏深度、储量、大小、单井产量高低等，对气田开发的经济效益具有决定性的影响。

气田勘探、开发方案是否符合地下地质情况，对其经济效益有重大的影响。在一定的地质条件下，如果管理水平较高，而且勘探、开发方案较为符合地下地质条件，就可以较少地投资，完成较多的勘探、开发工作量，以较少的工作量获得较多的储量和较大的产量。

天然气生产的经济效益计划，可通过收益性、生产性和成长性等几个方面的指标加以反映。

1. 天然气生产收益性指标

天然气生产收益性指标包括采气成本、资金利税率、销售利税率和综合开发利税率。

2. 生产性指标

生产性指标是反映计划年度企业生产天然气的劳动生产率以及生产成果的指标。其主要包括人均销售收入、人均利税总额、人均净产值（增加值）、劳动分配等指标。

3. 成长性指标

成长性指标是反映企业天然气生产的发展潜力和趋势的指标，其包括储采比、天然气产量增长率、销售收入增长率、利税总额增长率、工业总产值（净产值、增加值）以及销售收入（利税总额、净产值）与天然气产量同步增长率等指标。

应该指出的是，在一定的生产技术和管理条件下，不同气田由于本身地质条件的差异，其生产经济效益有较大的差别。

二、天然气生产计划执行情况的考核

为了保证天然气生产计划的完成和超额完成，提高企业的经济效益和社会效益，必须加强对天然气生产计划执行情况的考核。天然气生产计划执行情况应从以下几个方面进行考核。

1. 生产考核指标

（1）天然气产量计划完成率指计划期内天然气实际产量占计划产量的百分比计算公式为：

$$产量计划完成率=\frac{实际产量}{计划产量}\times 100\%$$

（2）综合开发产品产量计划完成率指计划期内实际生产的综合开发产品产量占计划产量的百分比（按产品考核），其计算公式为：

$$综合开发产品产量计划完成率=\frac{某产品实际产量}{某产品计划产量}\times 100\%$$

（3）天然气商品量计划完成率指计划期内天然气实际商品占计划商品量的百分比。其计算公式为：

$$天然气商品量计划完成率=\frac{实际商品量}{计划商品量}\times 100\%$$

（4）天然气统配商品量计划完成率指计划期内天然气实际统配商品量占计划统配商品量的百分比。其计算公式为：

$$天然气统配商品量计划完成率=\frac{实际统配商品量}{计划统配商品量}\times 100\%$$

（5）天然气综合递减率指计划期天然气生产综合递减率实际达到的水平。若编制计划时对综合递减率有所规定，则应与计划对比进行考核，此指标为反指标。

2. 质量考核指标

天然气生产质量指标用外输天然气含硫量进行考核。外输天然气含硫量指计划期内经净化处理，外输每立方米天然气中硫化氢含量实际达到的水平。

3. 消耗考核指标

天然气生产消耗指标，用每万元天然气产值消耗能源进行考核。万元产值消耗的能源指计划期内每万元天然气产值消耗的燃料、动力达到的实际水平。与上期实际水平或计划期计划指标对比，进行考核。此外，还有安全考核指标和效益考核指标等。

第九章　石油钻井工程计划

第一节　石油钻井工艺过程概述

石油埋藏在地下几十米至几千米深的油层中，把地下的石油开采到地面上来，需要一个通道，这通道就是井，利用机械设备将地层钻成孔眼，这种工作称为钻井。

一、石油钻井的分类

钻井类型不仅体现了钻井的目的，而且是加强钻井工程管理和施工的重要依据，因为探井和开发井、直井和定向井的钻探工艺要求不同，考核的项目不同，各项技术经济指标的水平也不同，所以在编制计划时钻井井型是非常重要的。钻井的分类有以下几种：

1. 按照钻井的地质设计目的划分

按照钻井的地质设计目的可以分为探井和开发井两大类。

(1) 探井是指为查明地层及油（气）藏情况所钻的井，包括地层探井、预探井、详探井和地质浅井等。

①地层探井（参数井、基准井）是指以了解构造的地层年代、岩性、厚度、生储盖层组合等，并为地球物理解释提供各种参数为目的所钻的探井。

②预探井是指在地震详查和地质综合研究后所确定的有利圈闭上，以发现油气藏为目的所钻的探井，以及在已知的油（气）田上，

以发现未知的新油气藏为目的所钻的探井。

③详探井（评价井）是指在已发现油（气）的圈闭上，以探明含油（气）面积和储量，了解油（气）层变化结构和产能为目的所钻的探井。

④地质浅井（剖面探井、制图井、构造井）是指为配合地面、地质和地球物理工作，以了解区域地质构造、地层剖面和局部构造为目的所打的探井。

（2）开发井是指为开发油（气）田，补充地下能量及研究已开发区地下情况的变化所打的井。包括油（气）井、注水井、检查资料井及浅油（气）井。

①油（气）井（生产井）是指为开发油（气）田，用大中型钻机所打的采油井、包括生产井、基础井、生产探边井、生产评价井、扩边井、控制井、完善井、加密井、更新井、挖潜井、基础准备井等等。

②注水（气）井（辅助生产井）是指为合理开发油（气）田，有计划有目的地给地层补充能量，所钻的用于注水、注气和开采稠油的注气井。

③调整井（滚动开发井）是指在油田开采过程中，为提高采收率而在老油田上按新井网所打的井。

④检查、资料井（观察井）是指在已开发的油（气）田内，为了解、研究开发过程中地下情况变化所打的井。

⑤浅油井是指为开发浅油（气）层，一般用轻便钻机所打的500m以内的采油井、采气井。

各种井型均以地质部门确定的为准。变更井型也应由地质设计部门决定。

2. 按照所钻井的井深划分

按照所钻井的井深可划分为以下四类：

（1）浅井是指井深在1500m（含1500m）以内的井。

（2）中深井是指井深在1500m到2800m（含2800m）的井。

（3）深井是指井深在2800m到4000m（含4000m）的井。

（4）超深井是指井深在4000m以上的井。

3. 按照钻井的地域划分

按照钻井的地域可划分为以下两大类。

（1）陆地井是指在陆地范围内所钻的井，包括在湖泊和沼泽地区的钻井。

（2）海上井是指在海洋范围内所钻的井，海上井按海水深浅又可分为海洋井和浅海井。

①海洋井是指在水深超过5m的海域内所钻的井。

②浅海井是指水深在5m以内（含5m）海域所钻的井，包括在海滩、滩涂和潮汐波及区域内所钻的井。

4. 按照钻井井身轨迹轴线方向划分

按照钻井井身轨迹轴线方向可分为直井和定间井。

（1）直井是指按钻井设计规定，采用一般的钻井工艺和手段，井斜标准在规定要求的范围内所钻的井，它的特点是井眼轨迹大体是垂直的。

（2）定向井是指一口井的设计目标点，按照人为的需要，在一个既定的方向上与井口垂线偏离一定距离的井。

定向井按照地面在一个钻井平台上所钻井口数的多少，又可分为丛式井和多底井。

①丛式井是指按照钻井设计规定，采用特殊的钻井工艺和手段，在一个井场内，按照预定的要求，向不同方位和距离钻两口以上的井。它的特点是：一个井场内有两个以上的井口（含直井和定向井队）。而井底则向不同方向展开，地下有几个井底，地面就有几个对应的井口。

②多底井是指按照钻井设计规定，采用特殊的钻井工艺和手段，在一个井筒内按照预定的要求，向不同方向和距离钻两个以上的井

眼。它的特点是：下部多个井底（眼）并呈放射状向不同方向展开，地面一个井口。

近几年来，随着钻井工艺技术的发展，继定向井之后，又相继出现了水平井和斜直井。水平井：当井斜角大于或等于86°以后，在水平段目的层位中继续沿着一条设计的井眼轨迹钻井，并延伸一定长度的定向井称水平井。

斜直井：根据设计井斜角和方位角的要求，使井架与垂线调到一定角度（0~45°），从地面开始钻出一条斜直的井眼轨迹的井称斜直井。

按钻井方法，可以分为转盘钻井、井下动力钻井和顿钻钻井三种类型。

二、石油钻井主要工艺过程

石油钻井是油田勘探和油田开发的重要手段，要探明地下地质情况，证实已探明的构造是否有油、证实油田的面积和储量，把石油从地下开采出来，都要通过钻井来完成。目前我国石油钻井主要采用转盘钻井的方法，转盘钻井的主要特点是：将地面动力通过传动装置，带动转盘旋转，转盘再带动井下的钻柱和钻头旋转，利用旋转的钻头和高压射液破碎岩石，通过钻井液把破碎的岩屑携带出地面并清洗井底，使井眼不断加深，利用各种仪器对钻井液性能、井眼轨迹方位、角度进行测量，利用测井、钻杆测试等手段了解地层的含油气情况。转盘钻井、电动机钻井多用于定向井、丛式井和水平井的钻井，少数地区为加快钻井速度，开展了上部地层转盘钻井，深部地层使用井下马达的打直井试验，当钻井钻达设计井深并录取了各种所需的地质、工程资料后，下入油层套管并用油井水泥固井，封固地层，在井口安装采油树，经试压、声幅，检查固井质量合格后，套管内替换成射孔液，射孔打开油层替喷关井。经有关部门验收合格后，钻井部门才能交井。在一些地区也有对低压、低渗透油层进行酸化、压裂后再交井的情况。交井后利用各种起重、运输设备，将钻机及附属设备搬迁到新井位，开始了新的钻井施工。

石油钻井工艺过程包括钻前工程、钻进过程和完井作业三阶段。

1. 钻前工程

钻前工程，即开始前的一切准备工作，它包括六个方面：

(1) 测量井位。根据主管部门下达的油田勘探方案和油田开发方案的井位设计坐标或井位数据关系，钻井公司组织现场勘察、测定井位，埋好标志，作为钻机就位施工的依据。钻机就位后进行井位复测工作，包括钻井的坐标、地面海拔、补心海拔。

(2) 钻井设计。钻井设计主要包括地质设计、工程设计、施工进度设计和预算设计四个部分。钻井设计是一项十分重要的工作，它直接影响到提高钻井速度，保证工程质量，实行安全生产，降低钻井成本。钻井设计的科学性、先进性关系到一口井的成效和效益。一口重点探井的成败甚至关系到一个新区新构造含油气的发现。要做到打一口、成功一口、清楚一口，必须严肃认真地搞好钻井设计。

①地质设计。地质设计是工程设计、进度设计和预算设计的基础和依据。主要包括区域地质概况；地理及环境资料；设计依据和钻井目的；设计地层、油气水及岩性矿物、物理；取资料要求；地层孔隙压力预测；技术说明及要求；地质附图等内容。

②工程设计。工程设计是钻井施工作业的蓝图和依据。主要包括钻井主要设备；井身、质量；钻具组合；钻井液设计；钻井参数；防止油气层损害要求；油气井控制；固井设计；各次开钻或分井段（包括取心）施工重点要求；地层孔隙压力监测；地层漏失试验；完井井口装置；环保要求等内容。

③进度设计。进度设计是一口井从开钻到完井所需要的时间设计，包括各道工序的时间。制订一口井的进度设计要考虑该井的井深结构、机型、设备、地下、地面条件等各种因素。

④预算设计。预算设计就是打一口井所需要的各种费用预算，

也就是一口井的总成本，主要内容有六项：钻前工程费、钻井工程费、测井作业费、固井作业费、射孔作业费、各级施工管理费等。

所有设计都要经过主管单位所规定的有关部门审批后才能开钻。

（3）现场勘察（简称看井位）。每钻一口井首先要进行现场的实地勘察，通过测量确定井口位置和大门方向，了解地面情况，及时排除各种障碍，确定搬家路线和方式，检查井场面积标准，是否达到钻机搬家安装条件，根据地貌确定井队住地和水、电供应方式。

（4）搬家安装常用的搬家方法有四种。

①拆散搬家（简称拆搬）。拆搬就是将全套钻井设备拆成不同的大小部件，用汽车拉运到新井位，按一定的顺序进行安装。这种方法一般在长距离搬家时采用。

②三大件搬家。三大件搬家是在搬家距离不长，但途中障碍物较多，路面条件差而不能整体拖运时采用。这种方法就是将钻机、井架、泥浆泵拆成三大件，用拖拉机或汽车将它们运到新井位。

③整体搬家（简称整拖）。整拖就是不放井架，而与钻台、电机（柴油机）等一起整体拖运。泥浆泵和其他设备均整体拖走。这种方法一般在井距离较近，地面条件好，空中无障碍物时采用。

④放倒井架整拖（简称放拖）。放拖是把井架放倒，各设备部件不拆散整体拖到新位，这种方法一般是在井距虽近，但空中有障碍物，井架无法通过时采用。

（5）钻前物质准备。钻机一到，随即要做各种钻井物资准备，主要内容有：水、电、通讯、油料、工具、配套料、加重材料、钻头、钻具和表层套管等，简称为“一到八到”，即钻机一到，上述八种物资也随即送到。

（6）井场布置。井场设施的布置是以井口为中心，按大门方向来具体布置的，井场布置摆放的原则是：布置紧凑，方便工作，符合安全，有利节约。

2. 钻进过程

钻进是指一口井从开钻到完钻的全部时间。钻头接触地面第一次开始钻进为开钻，不包括钻进后的第二次、第三次等开钻，钻头达到原目的层（或未达到目的层，但经过地质部门的领导批准，提前完钻）转盘停止转动为完钻。钻井施工过程中主要有以下作业工序。

（1）纯钻进：钻头在井底转动，破碎岩石形成井眼，加深井深（包括取心）。

（2）接单根：为达到加深井深的目的，每打完一根钻杆，要从转盘面增接一根钻杆，以便继续钻进。

（3）下表层、技术套管：对于地面、地下情况复杂或有特殊要求的井，需下表层、技术套管，目的是封闭复杂地层和不同压力体系地层以及防止井喷。一般探井、调整井大部分为下表层井。

（4）固表层和技术套管：用水泥浆封回表层和技术套管，防止地层胡塌，封闭复杂地层。

（5）起下钻：将钻具从井底起出或起出后下到井里。一般三根单根为一根立柱。

（6）换钻头：在钻进中钻头磨损到一定程度，或根据地层和工艺需要换钻头型号。

（7）循环泥浆：泥浆是钻井的血液，在钻进过程中，经常要循环泥浆。目的是清除井内岩屑，清洗井底，冷却钻头，提高钻速，清洗钻头，提高钻头使用寿命。泥浆的循环在井壁形成泥饼，可以增强井壁的稳定性，是防止井漏、井喷、井塌、卡钻等事故的发生，保证安全钻井的重要条件。

取心：打探井的目的是要了解地下地层情况，而取心则是了解地下情况，获取准确地质资料的重要手段。

3. 完井作业

一口井完钻，到最后测完声幅，经声幅检验结束的全过程为完井作业。完井作业包括：循环处理钻井液、起钻、电测测井、划眼、下套管、试压、测声幅、射孔等。其中最主要的三道工序是测井、固井和射孔。

（1）测井。测井的目的是研究岩层的物理特性与含油、气的密切关系，准确地确定油、气层的储量、埋藏深度、油气层厚度等。测井的方法主要有三类：一是标准测井法，它是油田勘探开发中常用的一种方法，主要由标准电极系测量的视电阻率、自然电位和井径三种测井法组成；二是横向测井法，又称全套测井法，它是依据设计测量井段，采用各种不同的井下仪器，采取相应的测井曲线，从而求得目的井段的地层电阻率、孔隙度和地层的渗透程度等参数，了解地层的径向变化规律，经处理后确定油、气、水层；三是套后测井法，又叫固、放、磁测井，它是在下完管等之后进行的测井，共有声幅测井、放射性自然伽玛测井、磁性定位器测井三个项目。

在油（气）田的勘探开发过程中，由于地区不同，所处的沉积环境不同，要有针对性地选择测井系列。例如大庆油田的探井和外围开发井采用电阻率测井系列和孔隙度测井系列。老区调整井除采用上述两大测井系列外，由于油田注水，又增加了水淹层测井系列。

（2）固井。固井就是按照工程技术要求和设计标准，运用一定数量的水泥车、下肺等特种设备，将油井水泥浆注入到井壁和套管环形空间的预定位置，封隔地层，保护井壁，形成油气通道的工程。固井质量的好坏，在钻井工程中举足轻重，它直接影响钻井的质量和油田勘探开发的效果。

下套管、注水泥是固井工程中最重要的作业。在下套管和注水泥之前，必须做好固井施工设计，对套管下入井深，套管的纲级、厚度、强度、安全系数和注水泥量、水泥车数、替泥浆量、施工时间进行一系列技术计算，对水泥性能做一系列理化试验，准确地安排注水泥施工时间和水泥浆初凝时间。

固井施工是由钻井队、回井队共同协作配合完成的作业，整个施工过程要求做到统一指挥，统一行动，密切配合，科学组织。

（3）射孔作业。为了把油气从地下开采出来或评价一口井、一个地区的抽气层产能，在钻井完成后就需要进行射孔，删节射开。射孔前，要搬安作业牒，拉送油管等准备工作，然后进行射孔深度计算，画出联炮施工图，进行酬划。射孔时，把炮组和射孔器用电缆下至射孔点（油层），用磁性定位确定油层位置，由地面仪器操纵将射孔弹引爆，射开套管和水泥环，使油层和套管之间形成油、气、水孔道，达到采油的目的。

第二节　石油钻井工程计划编制的依据和原则

一、石油钻井工程计划编制的依据

1. 依据油田总体勘探开发和油田稳产方案

探井依据国家下达的新增石油储量计划，勘探方针和勘探政策以及勘探总体规划，了解勘探项目探井井位布置和钻机运行进度，工序衔接要求，以便使探井钻井综合计划能够保证勘探目标的实现。开发井依据油田开发方案来安排计划，布置酬，保证按时间要求，按工程量和工程质量，按投产衔接运行完成钻井任务，确保油田生产建设计划的完成。

2. 依据钻井公司的综合生产能力

（1）设备装备配套情况包括前线装备、钻机数量、机脯，后勤辅助生产装备，运输车辆、拖拉机等。

（2）队伍素质主要指钻井队、运输、搬家、安装队等主要生产基层队。

（3）工艺技术水平。有些井型开展时间短，处于摸索提高阶段（如定丛井、水平井），有些井推广了国内外先进的科学技术（如高压喷射钻井）。

（4）后勤保障能力。各种生产、生活设施是否能满足一线生产需要。

3. 依据以钻井建井周期定额为主的各类作业定额

钻井建井周期定额是在各工序劳动定额基础上计算得到的，外围探井和开发井一般采用这一定额标准。油田内部调整井由于一个区块施工时间长，掌握的资料较充足，近几年一般采用统计分析法制订，无论哪种方法制订的钻井建井周期定额，都分机型、井型、井别、季节、地区、泥浆密度等不同类型的钻井周期定额标准。

4. 依据甲乙方合同

钻井公司与其他公司发生合同关系有三个：一是与采油厂。开发井钻井合同要根据油田开发总体规划，年度新增能力计划和单井设计或区块设计签订。合同的主要内容包括钻井口数、进尺、区域、钻井工期、质量要求、单位价格、共位提供时间、道路修及井场障碍物的排除、停注放溢措施等；二是与钻井辅助生产公司。有测井、固井工程合同、井位勘测和地质录井合同以及钻井工具修理、租赁合同等；三是与供水、供电、物资公司等签定的单项合同。所有合同都明确了甲乙方相互权利和义务，具有法律的约束力，是钻井工程计划的主要依据。

5. 依据钻井区块的难易程度

制订钻井工程计划，必须首先了解钻井区块的地下、地面情况，做大量的调查研究工作，然后根据难易程度进行分类，按泛的标准系数进行折算工作量后，作为制订计划的依据。

除此之外，编制钻井工程计划还要以各类工程技术和管理标准，国内外同行业钻井水平资料和本公司上期历史资料，公司的企业创优升级规划，方针目标，新技术、新工艺推广实施，队伍素质，以及钻井工程所处地区地势及气候季节等因素作为参考依据。

二、石油钻井工程计划编制的原则

1. 必须保证油田原油生产任务的完成

油田由于多年开采，老井产量递减，需要采取必要的增产措施，钻调整井是其中主要的措施。所以钻井工程计划是严格按照确保原油生产所需钻井口数、区域、时间要求来制订。钻井公司在编制计划中，急需投产的井、站、区块都要首先安排，以确保各采油厂的投产衔接。

2. 必须遵循探区勘探总体部署的要求

首先必须建立在对物探、已完探井等原有地质资料的充分研究和对地质规律的正确认识，以及对勘探形势和勘探远景的正确分析、预测和实事求是的评价基础上，实现和保证勘探良性循环，不断扩大勘探新领域。为此，必须对需要和可能进行积极的平衡，使探井钻井安排符合勘探方针政策、勘探部署的规定。做到探井钻井整体部署，分批实施，严格按照勘探程序办事。

3. 必须遵循客观规律

按照地面服从地下的原则，坚持从实际出发，实事求是，量力而行，并留有一定的余地。钻井计划工作的任务在于尽最大努力以使企业经济活动能够符合客观规律的要求，促进油田生产建设的发展。

4. 必须保持计划的严肃性

钻井工程计划是整个钻井生产经营活动的行动纲领。在制订计划过程中，要考虑勘探开发项目经理和其他专业公司的经济关系，把双方签订的合同视作是有法律性的计划目标去努力组织落实。计划一旦按程序确定，有关各单位、各部门都要认真组织完成，不得轻易加以变动，如遇不可抗拒的自然因素等原因需调整计划时，要按照一定的程序和权限进行，批准认可才有效，完不成计划要查明原因，追究责任。

5. 必须搞好综合平衡

在保证钻井生产的同时，还要考虑到矿区建设、农业生产、多种经营、生活服务等后勤生产建设，在人力、物力上有机结合。年初、年末钻井生产任务少，就要集中力量搞好各项生产准备工作。

第三节 石油钻井工程计划的编制

石油钻井工程计划是组织钻井生产活动和企业管理的核心，因此，石油钻井工程计划的内容涉及到石油钻井工作的各个方面和全过程。

一、钻井工程计划指标

钻井工程计划指标是钻井生产经营活动所要达到的规模目标和水平，它由指标名称、计算单位和数值三部分组成。钻井计划指标设置的内容要全面，不仅要反映工作量，而且要反映质量、速度、时效、成本、能耗、劳动生产率、资金使用、设备使用、材料消耗等。

1. 钻井计划指标的分类

钻井计划指标按作用可分为指令性指标和指导性指标两类。指令性指标又称考核指标，指导性指标也称参考指标。

钻井工程计划在石油工业的计划管理体系中属于指导性计划，但由于钻井口数，进尺数及取心进尺等指标与新增油气储量计划，新增油气产能计划，勘探及产能建设总投资计划乃至油气产量计划等密切相关，后者计划在很大程度上将有赖于前者计划的完成才能实现，因此在管理局（勘探局）一级，目前仍将钻井口数及进尺计划列为指令性指标加以考核。至于钻井三级单位及其下属单位由于其收入是依据进尺计算的，因此将交井、进尺及取心列为必须考核的指标。

2. 钻井计划指标的管理与作用

钻井计划指标实行统一归口分工管理制度。它的特点是把纵向和横向的管理结合起来，加强横向协调，明确部门的权、责、利关系，充分发挥各部门的作用。计划部门负责统一汇总计划指标，企业分管专业计划指标的部门，负责所管指标的制订、审定、考核，并和计划综合部门保持工作上的协调，防止数出两家。

钻井计划指标的作用：

（1）针对钻井和辅助生产专业公司，公司对下属单位提出任务要求、下达任务，是通过指标形式来实现的，即上级按照总目标的要求和下属单位的实际可能，规定任务，它是指导钻井生产经营活动计划实施、考核和考评的依据。

（2）应用计划指标，有利于对钻井生产经营活动情况进行定量管理，便于对生产经营活动进行指导、控制、调整和协调。制订计划指标，有利于建立公司正常的生产秩序和管理秩序，密切各纵向和横向单位之间的工序衔接和配合，也可及时发现和解决生产中出现的问题，保证生产任务的完成。

（3）应用计划指标，使钻井目标逐级分解。钻井总目标，由管理局（勘探局）以计划指标的形式下达到专业公司，再由专业公司将计划指标依次分解到大队（科室）小队、班组。在计划指标分解的过程中，上一级计划指标就是下一级单位的奋斗目标，下级计划必须能够保证上一级计划指标的实现。

（4）应用计划指标，便于对钻井生产经营活动成果进行分析比较。不同单位之间，生产经营活动的成果往往难以比较，规定了计划指标，就是制订了标准，将实施结果和计划进行比较，可以说明本单位计划期的生产经营成果大小，它能从一个侧面反映生产经营管理水平的高低，不同单位也可以进行同指标的对比，经常进行分析比较，有助于提高管理水平。

3. 钻井计划指标解释及计算方法

（1）工作量指标。

①钻井口数是指完成了设计规定的全部工序，经检验合格，交给合同中甲方的井，计算单位为口。

②钻井进尺是指按设计规定而有效的进尺，钻井进尺包括取心进尺，不包括工程事故报废进尺和返工进尺，计算单位为米。

③钻井总产值亦称钻井工程价值工作量，是钻井实物工作量的资金表现，其计算公式为：

钻井总产值 = Σ \ ［分勘探开发项目的钻井计划单价 × 分勘探开发项目计划完成的钻井进尺 \ ］（元）

（2）质量指标

①取心收获率是指实取岩心的长度与取心进尺的百分比，其计算公式为：

$$岩心收获率=\frac{实取岩心长度（m）}{取心井尺（m）}\times 100\%$$

②固井合格率是反映油层套管固井工程质量的指标，其计算公式为：

$$固井合格率=\frac{油层套管固井合格口数}{油层套管固井口数}\times 100\%$$

③钻井资料合格率是反映钻井录取地质资料工作质量的指标，其计算公式为：

$$钻井资料合格率=\frac{钻井资料合格井口数}{完成井口数}\times 100\%$$

④井身质量合格率是衡量钻井井身质量的指标，井身合格井，一般是指最大井斜角、全角变化率，井底最大水平位移，定向井目的层靶心半径等参数符合质量标准的井。其计算公式为：

$$井身质量合格率=\frac{井身质量合格的完成井口数}{完成井口数}\times 100\%$$

（3）速度指标。

①钻机月速度也称经济钻速，是反映钻井工作时间内钻井效率的指标，它表示一部钻机工作一个台月所打的进尺，其计算公式为：

$$钻井月速度率=\frac{钻井进尺}{钻机台月}（米/台月）$$

②机械钻速也称纯钻速，是衡量纯钻进时间内钻井效率的指标，它以每小时纯钻进时间的进尺数来表示，机械钻速的大小，主要取决于井底水力功率大小、钻头选型和质量、泥浆质量、地层可钻性以及钻井参数的配合等，其计算公式为：

$$机械钻速=\frac{钻井进尺}{纯钻进时间}（米/小时）$$

③平均队年进尺是综合反映钻井部门钻井速度的指标，其计算公式为：

$$平均队年进尺=\frac{钻井进尺}{年平均动用队数}（米/队年）$$

（4）成本指标。

①钻井总成本是指为进行钻井工程所发生的一切消耗和支出，计算单位为元。

②钻井单位成本为钻井总成本和钻井总进尺的比，计算单位为元/米，其计算公式为：

$$钻井单位成本=\frac{钻井总成本}{钻井总进尺}（元/米）$$

③可比成本降低率是指按可比口径计算，报告期钻井单位成本比上年同期降低的百分比，其计算公式为：

$$可比成本降低率=\frac{报告期钻井单位成本（元/米）}{上年同期可比钻井单位成本（元/米）}\times 100\%$$

（5）效益指标。

①全员劳动生产率反映全部钻井职工在一定时期内所创造的价值量或实物量，其计算公式为：

$$全员（实物）劳动生产率=\frac{钻井进尺}{全部钻井职工平均人数}（米/人）$$

$$全员（价值）劳动生产率=\frac{计划单价\times钻井进尺+劳务收入}{全部钻井职工平均人数}\times100\%$$

$$人均创增加值=\frac{钻井增加值}{全部钻井职工平均人数}（元/人）$$

②钻井进尺损失率是指报告期工程报废进尺和返工进尺与钻井总进尺之比，其计算公式为：

$$钻井进尺损失率=\frac{报告期（工程报废进尺+返工进尺）}{报告期钻井总进尺}\times100\%$$

$$或=\frac{报告期（工程报废进尺价值+返工进尺价值）}{报告期钻井总价值}\times100\%$$

③完成井平均井深是反映报告期内已完成井平均深度的指标，它是分析钻井成本，钻速等指标变化的重要参考性指标，计算公式为：

$$完成井平均井深=\frac{各完成井井深之和}{完成井口数}（m）$$

二、钻井工程计划的内容

1. 钻井工程综合计划的内容

钻井工程综合计划主要包括两个方面的内容，一是生产计划任务安排；二是制订保证完成计划的措施。生产计划任务安排主要包括：

（1）钻井工作量计划分勘探、开发项目，分地区、大队的交井数、进尺、动用钻井队数和总产值安排。

（2）钻井技术经济指标计划包括质量、速度、时效、成本、资金、劳动生产率、设备使用、物资能耗等计划。另外，还有科研和新技术推广计划。

2. 钻井工程专项计划的内容

钻井工程的专项计划是确保钻井综合计划指标按期完成的配套

计划，它是围绕钻井综合计划所确定的各项目标，由各职能部门编制的业务工作计划，主要有：

（1）钻机部署计划每年 9、10 月间，专业公司根据石油管理局（勘探局）下年度勘探开发项目，钻井规划和预先下达的下年度钻井井位，电结合大队和钻井队的设备状况、生产能力、队伍素质、钻井水平等资料，对全公司下年度计划动用的钻机作一次性部署安排。编制该项计划时，要考虑钻井合同工期要求；根据季节特点，选择最佳时间，同时要注意安排钻井口数和钻机的比例，防止因钻机上得过多，任务提前完成了，探井造成钻机远距离搬迁，调整开发井生产组织脱节，或是钻机上得少，完不成任务。

（2）钻井前线指挥所设置计划对于远离基地，而且井位相对集中，动用钻机数较多的地区，在钻井部署计划确定后，需对前线指挥所的设置作计划安排，以便提高生产效率，做到指挥到现场。设置前线指挥所，要根据区块井数，井位分布等情况确定前线指挥所规模。

一般探井和边缘调整、开发井根据需要有时只派三五名精干的生产组织人员，不牵涉后勤辅助队伍，有的大区块则要成龙配套，整个公司的日常生产组织全部放在前线，干到入冬前撤回，设置在前线指挥所计划的特点是不管行政隶属关系如何，所有驻前线队伍，在生产上受前线指挥所调度、指挥。

（3）钻井征用土地计划根据分勘探开发项目钻井井位的地理位置，做好一口井井位占地和地面附着物调查，按照每口井需用的占地面积，向井位所在地方政府土地管理机构申报征用钻井井场永久性占地征用土地文件，同时附临时性占地计划、钻井计划表、井场位置平面图、预付款协议以及和井位所在乡、村的征地、用地补偿初步协议，待审批后，由地方政府土地管理机构出具钻井施工许可证明。为此，需根据钻井钻机部署方案，编制分勘探开发项目的征用土地计划，提前报地方政府土地管理部门。

（4）高压电力线架设计划要根据钻井口数，投产时间上的要求，动用钻机（电驱动）计划规模，按钻机台数所需的电力，分别要求架设 35 KV和 6 KV两种电压的供电线路，计划要在计划期前半年上报管理局，由管理局列入计划，并组织设计施工，建设单位及供电、钻井等公司商定具体事项，在钻机就位前一个月达到供电条件。

（5）钻井新井准备计划。钻井新井准备计划，是在井位调查的基础上，按照本期计划开钻的钻井口数，以及钻机型号、井深等不同要求编制。对于井位低洼、道路不通等不适合上钻机的钻井井位，还需提出钻机运行和垫方、修路计划，报甲方组织施工，井场垫方和修路完毕后，由钻井公司负责质量检查，以便安排上钻机。垫方井井场规格为 $100 \times 100 = 10000m^2$，通往井场道路宽 6m。

（6）钻井供水计划外围探井、开发井的供水计划，在计划期的前半年，初步确定下年钻井区域及大致井数之后，立即组织调查，选择位置集中、供水面积大、地势高、地下水丰富的地区做为供水源，并安排施工队伍钻水井。一口水井的供水半径为 3km，每个区块要打多少口水井，要视区块井位疏密程度而定，如果井位较多，或因地下水层含水贫乏，可适当增加水井口数。水井要设置泵站，通过压力将水从管线打到井场或接出高架水龙头用水罐车送水。

油田内部加密调整井的供水计划，在钻机就位前一个月，选择油田供水的干线阀井接出水头设置泵站，采用管线供水的方法将水打到井场，也可用车装水罐到油田供水公司所属各水站拉水。冬季钻井施工时，供水一般采用车拉罐供水方式。由于固井时对水的温度有一定的要求，因此冬季要建热水泵站，即将储水罐内的水加热后用罐车拉到井队。供水距离较近的，可直接接供水管线到井场。

（7）钻机设备修理计划以钻机设备运转定额时数为标准，实际运转时数达到定额运转时数，说明设备需修换。为了保证钻井工程的连续生产，专业公司一般是一年对所用钻机设备组织一次技术签定，按照技术签定的结果，列出需修设备的机型、台数、修理内容等，然后结合机修能力，编制分机型的设备进修计划，同时安排好设备修理进厂、出厂顺序。

（8）钻井泥浆池土方施工计划。井位调查之后，立即下达土方施工计划，配备固控系统的钻机只准备泥浆沉浆池（土池），没有配备固控系统的钻机，要按钻机类型，挖好泥浆池，考虑到将来钻机运行路线，合理确定土方的位置。土方施工一般在计划期前1～2个月进行。如该地区处于一年四季温度变化过大，需提前4～5个月，以解决计划期内1～5月份冰土层未融解，无法进行土方施工矛盾。如冬季急需搞土方，则采用爆破方法，要提前做好计划。

（9）编制钻机井位运行。计划钻机运行计划是在各项计划编制完善之后，编制的最终实施计划。它的编制是依据各方面调查得来的第一手资料，经过分析对比，综合平衡后编制的。在编制开发井钻机运行计划时，要考虑到以下几种因素：

①按照与采油厂签订的合同，明确钻井区块，并向采油厂地质部门联系了解钻井区域内地下压力情况及对钻井过程的影响，在钻机就位前一个月通知采油厂控制地下压力。如超过要求，则采取放溢降压。

②钻井生产所必须占用的农田、草原，要在钻机就位前办好征用土地手续。

③钻机运行尽量做到合理安排。打开发井的钻机，视打井类型，每部钻机一般一次要打3～5口井，特殊也可安排1～2口井。安排井位时要考虑工人上下班的行走距离。各队所打的井位条件基本均等，即井下条件的难易程度，钻机搬家的形式尽量做到合理。

④运行区块内的井位必须做到四通一平，即水通、电通、路通、通讯通、井场平。

⑤根据开发方案和钻井设计，了解钻井区域内的井位性质和所采取的施工工艺。

⑥组织各施工单位现场看钻机就位井，确定搬家方式和行走

路线。

⑦绘制钻机井位运行图，将计划期内钻井区域井位钻井顺序，画出阶段性井位运行图。图上所示井位及井位周围的高压线、建筑物、管线沟及地质选钻井、缓钻井、低洼井、表层井用标志符号标在图上，用运行线将每部钻机所安排的井位连接起来，以示钻井的先后顺序，最后发至各单位和施工人员。

（10）冰上井钻机运行计划（处于严寒地区需要安排此专项计划）。冰上井由于季节性强，必须速战速决。大约每年元月初可上钻机，三月初撤出，工期约 2.5 个月，因此，要在封冻之前，测量好水的深度，淤泥层厚度，及时上报管理局，并由管理局组织设计、建设和施工单位做好冰上井基础桩预制，在元月份前砸好第一批基础桩，确保钻机在冰上及时就位，每口井砸水泥桩的根数由水的深浅决定，正常情况，水深超过 70cm 为冰上井，水深在 140cm 左右为冰面井，冰面井只打起放井架和棚绳桩，个别情况打基础桩，但不打循环池、锅炉及值班房等基础桩，冰上井所有冰上附托物都要打基础桩，在安排钻机运行计划时，还要考虑冰上校桥施工对钻机搬家的影响。

（11）经济效益计划。

①钻井综合成本节约计划。钻井公司每年根据局下达的钻井综合成本（元/米）计划，结合本单位计划期内生产区块条件的难易程度，动用钻机类型的区别，生产季节优劣等实际，再考虑到生产发展基金、职工福利基金、工资、奖金及生活补贴等因素进行综合平衡。核定计划期内分地区、分井型、分机型、分季节的钻井成本计划，下达到所属各单位在编制钻井综合成本计划时，公司、大队以至井队都要制订全年钻井成本节约计划。

②建立以钻井队为基础的三级核算体系。公司建立“三算”体制，即公司概算、大队预算、小队决算。各钻井队、基层小队都设立专职成本核算员、大队成立成本核算组。钻井队设立单井核算本，

由本队成本员负责，一口井一核算。大队成本组根据各井队的单井核算加大队的管理费，每月做一份大队成本报表，上报公司。

三、钻井工程计划编制的程序、步骤和方法

1. 钻井工程计划的编制程序

钻井工程计划的编制工作一般采取“二下一上”的办法，即专业公司计划部门会同有关职能部门，草拟各单位有钻井生产经营的各项计划指标，经主管经理批准后，将计划初步方案发至各大队讨论，各大队经过讨论后，提出措施和建议，编制本单位的综合计划，各大队长同意后报公司计划部门。计划部门组织各有关职能部门审定计划草案，将钻井综合计划方案提交公司经理办公会讨论确定，呈报上级机关批准后，下达贯彻执行。

2. 钻井工程计划编制的步骤

（1）准备工作在制订计划之前，首先要通过调查，掌握所需的各种资料。了解总部、管理局（勘探局）下达的国家新增储量计划、原油年产量计划、产能建设计划、年度勘探开发总体部署、公司的长远发展规划、上期合同执行情况、各类辅助作业定额及配套标准、钻井地质、工程设计以及生产工区的条件，生产准备情况，历史同期动用钻机资料等，为计划的编制工作打下基础。

（2）核定生产能力由于钻井可变因素多，无论探井、开发井，还是油田内部调整井，队伍结构、区块等频繁变换，钻井生产能力的核定，每年都要进行一次，在具体核定生产能力时，一般要综合考虑以下六个方面。

一是装备数量。包括在用、正修、待修设备，主要以钻机、运输车辆、搬家设备等为主；二是劳动力数量。包括全部一线生产工人和辅助生产工人的劳动数量；三是定额水平。以定额水平为基础，结合计划期内的各种客观情况；四是季节气候，主要考虑冬季、雨季和翻浆季节的影响；五是工区距离。车辆往返里程的远近对钻井

进度有较大区别，尤其是外围探井和开发井；六是工区情况。调整井重点考虑是否高压区，探井了解地质情况、还要考虑地面条件对钻机搬迁的影响。核定钻井生产能力以钻井队为主，一般先以建井周期定额为基础，再确定钻井队的打井工期，核算出月钻井口数定额，就可以求出一个钻井队当年的生产能力，即钻井队生产能力（口井/队年）＝月定额口数×钻井工期月数。这样相加各队能力就是钻井公司当年的生产能力。实际工作中核定钻井队生产能力比较简单，关键在于制订受机型、井型、泥浆密度、地区等多种因素影响的建井周期定额。这就要在核算生产能力时综合考虑，做大量细致的工作。

（3）编制计划草案。在经过调查研究占有大量第一手资料的基础上，统筹安排，制订初步计划草案。并对计划期各项经济技术指标作出初步安排，如动用钻井队数、钻机运行方案，编排钻井队工作量计划表，编制辅助作业计划等。

（4）综合平衡。确定计划指标把需要和可能结合起来，将初步提出的生产计划指标同各方面的条件进行平衡，使任务得到落实。综合平衡的主要内容包括：

①钻井任务和生产能力的平衡。测算公司拥有钻机设备，队伍技术素质等，论证完成计划期内任务的保证程度。

②钻井生产任务和生产技术装备的平衡。测算钻机设备维修、钻井井位测量、井位调查、征用土地、查路选线、土方基础、井架安装、前线指挥所设置以及地质工程设计、技术措施制订等对生产任务的适应和衔接程度。冬季还要测算锅炉安装、机泵房安装等冬防保温工作对生产任务的适应和保证程度。

③钻井生产任务和生产物资供应之间的平衡。主要测算计划期内钻井套管、钻头、泥浆用料、钻井工具、油料等物资对计划期生产消耗的保证程度。

④三大工序之间，即钻前、钻进和完井作业之间的平衡。测算

计划期有多少钻机，多少处于钻前、钻进、完井的各个阶段，测算测井、固井、井壁取心、中途测试、测斜等作业能力和钻井队的比例，对钻机正常运行的保证程度。

⑤钻井生产任务和生产资金之间的平衡。测算定额流动资金对生产任务的保证程度和流动资金使用的合理性等。

⑥生产指标和生产地区、生产季节之间的平衡。测算钻机动用的时间、数量与生产区块的任务、地势、地貌、投产衔接等是否一致，做到科学合理。

（5）计划的正式确定。钻井工程计划草案必须提交经理办公会经反复讨论、修改后报上级主管部门批准，就成为正式的钻井工程计划。

3. 钻井工程计划编制的方法

编制钻井工程综合计划时，应当采用定额法、技术测定法、统计分析法、类推比较法等较为准确的常规编制方法，尽量少用经验估工的方法，把计划指标建立在合理可靠的基础量上。应当积极采用适合于钻井实际的先进的计划编制方法，例如目标管理、滚动计划法、工序能力法、PDCA 循环、网络计划技术、因素测算法、相关系数法等。同时使用电子计算机进行计划编制过程数据的处理，提高计划编制工作的效率。

第四节　石油钻井工程计划执行情况的考核

一、钻井工程计划的执行

钻井工程各项计划下发之后，各有关单位必须严格执行，千方百计去争取完成和超额完成计划任务。要把计划执行同推行项目管理和承包经营等管理方法结合起来，将计划指标层层分解，层层包干，由公司、大队、小队直至班组和个人，并建立严格的考核体系，层层检查落实，切实保证每个单位和个人都能实现所承担的计划指标任务。

钻井计划指标分解，一般有两种方法：一是将各项技术经济指标横向分解到公司机关各科室，各科室根据职责范围保证执行或归口管理一至几项指标。例如任务指标，分解到计划科；质量指标分解到质检科；成本指标分解到财务科等。

二是按纵向由计划科会同其他职能科室分解落实到大队、小队、班组岗位以至个人，对不能直接承担指标任务的少数班组、个人，按照他们的职责，制订出具体的工作标准，以间接促进有关指标的完成。这样，分解的内容具体，目标明确，责任清楚，考核方便，这就为在计划执行过程中开展竞赛评比，考核奖惩，提供了切实可比的依据。

二、钻井工程计划的落实

局钻井任务下达后，钻井公司首先要进行年度计划的分解（承包），在此基础上，综合全年的各种因素（如区块情况、打井难度、井型等）做好进度计划。一般来讲，进度计划有以下四个重点阶段。

1. 年初钻井起步阶段

年初是钻井生产做好全年各项准备和部署安排的阶段，抓好各项工作的起步，围绕提高固井质量、钻井速度、提高钻井综合效率，加强基础工作，开展高标准高起点的起步样板月活动。钻井队完成的第一口井，专业队完成的第一道作业都要优质安全，要摸经验，树典型，创样板，为胜利完成全年任务打下良好的基础。

对处于严寒地区的钻井，在这个阶段，要利用冰冻季节抢打水上井和低洼井。

2. 钻机全面出击阶段

钻井生产全面出击在北方寒冷地区，一般从三、四月开始，这是全年计划重要的一个环节。钻机出击不及时，不能咬时开钻，直接影响全年任务的完成。这个时期各项工作头绪比较多，冬修钻机、设备要出库就位，矿建、农副业生产都要上，如果没有周密的计划安排和强有力的生产组织措施，就会出现顾此失彼，陷于被动。

3. 雨季生产阶段

雨季是钻井生产最艰苦的季节，这个时期计划安排必须周密、细致，有预见性地做好准备工作。

（1）雨季来临前，提前进行钻机调头，抢占制高点。各部钻机必须有足够的井位。

（2）提前突击拉运套管、石粉等大宗配套材料。

（3）对所有井队电路进行系统检查，电缆全部试压，并配备双套电缆。

（4）对前线井队住房以及后勤住宅进行全面检查、维修，解除职工后顾之忧。

（5）做好防洪排涝计划。

4. 做好钻机入冬前准备工作

钻井生产（如大庆地区）一般在年末入冬点炉前，大部分钻机陆续停运。

这期间虽然全年生产接近尾声，但工作头绪比较多，其中重点是钻机入冬前的冬防保温准备工作。在确保完成全年钻井任务的前提下，要遵守以下原则：

（1）进入冬季生产钻机尽量少动用，一般不超过全年动用钻机的三分之一。

（2）进入冬季生产的，要考虑设备、队伍素质等因素，设备、人员都能经得起冬季生产的考验。

钻机入冬前要做好以下计划工作：

（1）冬防保温工作计划。包括设备、人员、棚，制订配套计划，一个队一个队地落实。每年入冬之前，各项配套全部送齐，生活锅炉，井场生产保温锅炉及后勤固定锅炉全部点炉供气。

（2）落实设备进厂修期计划。确定每个部件的进厂时间，出库时间，为制订次年生产计划做准备，对停封设备落实防护措施，安排看井人员。做好钻井队人员探亲休假和人员集中培训计划。

三、钻井工程计划的控制和调整控制

钻井工程计划的控制和调整控制是指在计划的执行过程中，纵观全局，及时地发现问题并纠正偏差保证各项活动按计划要求进行，控制是保证计划实现的手段，计划是控制的主要目标和依据。钻井生产和其他生产一样，一道工序、某个环节组织失误，出现偏差，都会使整个生产比例失调，造成严重的停工窝工，影响全局生产。计划的控制要考虑以下几个方面：

1. 根据季节特点，进行计划控制

各地季节特点不同，要因地制宜进行计划控制。

（1）季节性强的地区冬季天寒地冻，不利于钻井生产例如大庆地区，全年的钻井工作量就得控制在4~10月内完成，一般说这七个月完成的钻井工作量要占全年计划的75%~85%，但可利用冬季冰冻条件完成冰上井和低洼井。

（2）控制好雨季的钻井生产。有的地区，雨季多集中在六七月或七八月，在雨季组织生产难度大，要适当减轻任务，不在雨季拼设备，拼人力。组织钻井生产时，应抓紧雨季前后几个月，根据实际情况，控制生产节奏，达到加快速度，提高效益的目的。

2. 要组织均衡生产

钻井生产与控制工作有两个基本要求：一要全面，即全面完成上级下达的各项生产任务和技术经济指标；二是均衡生产，即均衡地、有节奏地完成各项计划任务，不能时紧时松，前松后紧，克服那种月初松、月中紧、月末拼的局面。决不能使井队打打停停，后勤忙闲不均。搞好日常生产的组织与控制，实现均衡生产的具体措

施主要有：

（1）按进度控制。月度计划下达后，在执行过程中，还要把月计划进一步具体化，规定每月必须完成钻井口数和辅助的工作量，随时按进度检查。

（2）综合分析。在计划执行过程中，要根据钻井生产随时出现的矛盾，反复检查、分析、调整、落实，坚持定期和不定期的综合分析，发现和纠正问题，克服薄弱环节，保证生产的顺利进行。

3. 计划的调整

调整是控制的一个内容，钻井工作随机性强，计划编制不可能准确无误地反映客观实际，在计划执行过程中，不可预见的诸多因素常常妨碍计划的贯彻执行。所以，在计划的执行过程中往往要进行必要的调整，但对计划的调整是严肃的。各项指令性计划一经下达，无论是公司、大队、小队、班组，由于本单位管理不善，主观原因造成的计划与实际脱节，一般不予调整，以保证计划的权威性、严肃性。遇到下列四种情况，要对计划进行调整。

（1）探井开发方案发生重大变化。例如按地质部门制订的勘探方案打预探井时，中途发现储量面积增加或减少。这时生产计划要针对具体情况进行年度计划调整。一个区块属滚动开发，也会有这种情况，一旦地下油气发生显著变化，也要根据地质部门的要求进行年度计划调整。

（2）遇到人力不可抗拒的因素。例如遇到严重的自然灾害（特大洪水、风暴等）；发生了未能预料的特殊情况（如突然停电造成多部钻机停钻，生产受到严重损失），需视情况对计划进行调整。

（3）地下情况异常。对于某个区块，按计划部署上钻机后，由于地下情况复杂、连续发生井喷等重大事故，无法继续施工。这种情况往往要尽快将钻机撤下，进行区块工作量或月计划调整。

（4）上级改变指令性计划。上级有时根据油田需要，或因某种原因，需要临时增加或减少任务，这时要根据上级行政指令内容进行调整计划。

四、钻井工程计划的考核

计划考核的目的是不断提高计划编制水平和坚持计划的严肃性，并将考核结果作为评价各单位工作的重要依据。

为严格考核各单位的计划执行情况，建立逐级考核制度，分层次一级考核一级：石油管理局（勘探局）考核钻井各公司，公司考核大队，大队考核钻井队，钻井队考核班组，班组考核个人生产岗位。

钻井计划执行情况考核的主要内容，一般来说是围绕以任务、质量、工期、成本和效益五大指标为主体的各项指标体系来进行考核，原则是突出重点指标，实行重点指标否决权。考核评比的标准、时间和奖励办法各单位有所不同，根据实际情况自行确定。

1. 年度考核

（1）超定额考核。超定额考核就是钻井公司根据所打的井型的难易程度，按其工作量测算后确定一个井队一年的定额值，在完成定额后，超产的井按一定比例加倍计奖。

（2）上等级考核。上等级的否决条件是：亡人事故、井喷失控事故、责任报废进尺；先决条件是：按局和公司要求的各种资料齐全，填写准确、清晰，上报及时，井场管理、设备管理、安全管理、生活管理必须达到相应类别。

2. 月度考核

推行质量否决权，不合格的井（指井身或固井质量不合格）不予计奖，不计入累计交井口数和进尺等考核基数。优质井则按其单位井标准额外嘉奖钻井队。

对月度计划完成情况考核执行两套计划：一套保证正常的工资奖金，一套按超产情况奖励。就是完成指令性计划的标准岗位工资，完不成指令性计划，按欠产比例下浮岗位工资，超额完成生产任务，按超产比例上浮岗位工资。

管理方面按各专业系统管理办法和各类奖惩规定进行考核奖惩。

3. 优质工程考核

开展争创优质工程活动的目的是为了强化钻井工程质量管理，促进局内横向、纵向、群众性质量意识而开展的一项活动。创优工作列入公司年度计划中，制订创优工作的实施方案，根据创优项目的需求，结合生产任务进行指标分解，落实到具体负责人，进行月、季、年度的考核，主要内容是钻井工程质量、成本、速度三个方面。经审定合格的项目，由局颁发优质工程证书，获得局优质工程的项目，可申报省、部和国家级优质工程奖。

第十章　石油井下作业工程计划

第一节　石油井下作业工程概述

一、石油井下作业工程的作用

石油井下作业工程是油田勘探开发工艺技术的重要组成部分，搞好井下作业具有重要意义。第一，从寻找地下石油天然气资源的角度看，只有通过试油作业，才能直观地录取地质资料，是其他勘探方法所不能比拟的。第二，从充分挖掘和利用地下资源的角度看，井下作业不仅使得开发井能够正常生产，而且能从地下采出更多的石油与天然气。第二，对石油井出现的故障或事故及时进行修理，恢复其生产，以提高油（水）井利用率，节约生产费用。一般说来，修理一口一般事故井总比钻凿一口新井花的时间与费用要少得多。第四，新井投产离不开井下作业。如一些油层致密，渗透率低的油（气）井，可以实施压裂、酸化等井下作业，以提高油层的渗透性，增加油井产量。第五，从油田开发和修井工作量逐年增加的情况看，这项工程已成为老油田主要稳产措施之一。

二、石油井下作业工程的内容及分类

井下作业是根据油（水）井的不同需要进行不同内容的作业施工，即使是同一作业项目，也因为油（水）井的井深、层位及施工

条件不同，对作业要求也不一样，这就决定了井下作业工程施工必须以地质设计和方案作为技术标准，以井下作业施工目的和工艺复杂程度作为井下作业项目分类的依据。现行井下作业工程一般可分为七类：

1. 试油（气）作业

自主试油作业是指在钻井过程中或完井后，为了了解和证实有希望地层含油、气、水的情况，对各个油、气、水层的产状及原油（天然气）物性进行评价，为估算油气储量提供依据。

试油按井型可划分为探井试油和开发井试油；按试油工艺可划分为常规试油（包括自喷井试油和低压井试油）和地层测试（包括中途测试和完井测试）。

（1）自喷井试油。靠油井本身能量测试流体性质、地层能量的工艺称自喷井试油工艺，它具有工艺简便、资料准确、试油时间短等优点，其基本工作就是分隔油层，录取地质资料。

（2）低压井试油（或称非自喷井试油）。地层压力低的井称为低压井。所谓压力低是指该井靠自身能量不能将油气喷出地面。为使储层油、气流入井中，一般都用降低液柱高度的办法进行试油。应用这种方法求取试油资料称低压井试油工艺，也称非自喷井试油。非自喷井试油所采用的方法主要有抽汲诱喷、气举诱喷、混气水排液、液氮排液和提捞等。

（3）地层测试。地层测试是近年来发展起来的一种科学的试油方法，是寻找油气田、了解地下储层含油气情况最直接的手段。它可以对油气层作出完整、准确的评价，可以尽早获得动态条件下的各种资料和地层参数，与常规试油方法相比，具有试油速度快、成本低、获取资料多、劳动强度低等优点，是勘探试油发展的方向。

地层测试的原理是用钻具将测试器与封隔器一起下入井内，通过封隔器将被测试层与其上下层位隔开，通过地面控制使测试器打开，让地层流体流入测试管柱，并进行飞产；关闭测试器压力计，记录下关井压力恢复数据。测试资料的解释可获得产量、压力及各项地层参数；井下取样品采集到的液体或气体，经过分析化验可了解地层油气水性质。在钻井过程中进行的测试叫中途测试，完井后在套管中进行的测试叫完井测试。

地层测试按测试井分为裸眼测试和套管测试；按测试方法的不同分为单封隔器测试，支承于井底的跨隔测试和选层跨隔测试。

（4）封闭油层和措施作业。对一个试油层的常规试油取资料工作结束以后，就要上返或下返对其他层位进行试油，上返或下返时就需要对已试层采取封闭作业。封闭油层可按井下情况和方案要求确定封闭方法，一般应尽量使用井下封隔器。对上返目前常用的封闭方法有注灰、填砂压胶木塞、打桥封、打电缆式桥塞等。

试油措施作业是指试油取资料工作结束以后，以进一步认识地层、争取获得新的油气发现而对有希望的储层进行人工改造，主要有压裂、酸化、防砂等试油措施作业。

2. 新井投产投注

是指对具备生产条件的新完钻井，为投入开发生产而进行的配置下生产管柱、射孔、诱喷、安装生产井口等一系列的井下作业工作。

3. 措施作业

是指对油、气、水层进行改造，实现增产增注目的，以保证油、气井长期稳产高产。目前常见的井下措施作业有压裂、酸化、防砂、堵水、补孔等。

（1）压裂。压裂是油层水力压裂的简称，其基本原理是利用液传递压力特性，通过地面高压泵在较短的时间内，使地下油层岩石薄弱地带压开裂缝或使油层原生裂缝得以扩展。为了防止裂缝闭合，向油层裂缝内充填固体颗粒（支撑剂）。从而改变了油层的原始结构，形成了数条或数十条人造裂缝，提高油层渗透率、解除近井地带的堵塞，减少油流阻力，使非自喷井变为自喷井、低产井变高产井、死井变活井。

水力压裂包括限流压裂、转向剂压裂、分层压裂等。常用的支撑剂一般有天然砂、陶粒等。压裂的具体应用主要有三个方面：一是改造低渗透率地层；二是调整地层渗透率差异造成的层间矛盾；三是解除堵塞。实践证明，油层水力压裂是扩大油田可采储量、改造中低渗透率油气水层、减少层间矛盾、提高油田最终采收率的一项重要措施，在油田勘探与开发方面都起着重要的作用。

（2）酸化。油层酸处理是油层改造、增产增注的重要措施之一。它是利用酸处理液（包括酸液本身和各种添加剂）与油层中的粘土和矿物起化学反应，溶解岩石中的含盐类的特性，来提高近井地带油层渗透率，改善油、气、水的流动状况，从而增加油、气井的产量和注水井的注入量，这种工艺方法称为油层酸处理，简称酸化。根据酸化时所用酸液不同可分为盐酸酸化、土酸酸化等；根据酸化施工的工艺方式不同又可分为酸洗、酸压和基岩酸化。

（3）防砂。油层出砂是油田开发中的四大害（砂、蜡、水、稠）之一，直接影响采油工艺技术措施和油田开发方案的实施。油井出砂的根本原因是由于疏松的砂岩胶结强度差所造成的。油井防砂常采用下填砂粒、填砂袋、作人工井壁、下滤砂器等多种方法。随着现代工艺技术的发展，防砂技术也在不断发展。

无论采取何种方法防砂，都必须做到两点：一要大大提高岩石的胶结强度，使油层不再出砂；二是所采用的防砂措施必须保证油层有良好的渗透性。

目前的防砂工艺主要有化学防砂、机械防砂和机械化学结合防砂。化学防砂主要有树醋防砂。机械防砂则包括绕丝筛管砾石充填防砂，滤砂管防砂和水泥砂浆防砂等。机械化学结合防砂是近几年新兴的一种防砂工艺，目前主要有覆膜防砂等。

（4）堵水。油井开采过程中，由于油层的非均质性和油、水强度比不同，油水推进速度不均匀，造成高渗透层或条带水的突进，使油井含水量逐年增加，影响着油田的高产、稳产。油井出水是油田开发的大敌。目前，国内外油田堵水方法较多，堵水工艺按其堵水原理可分为机械堵水和化学堵水两种。机械堵水是指用封隔器将水层单独卡开，靠工具的作用使出水层不再出水；化学堵水是靠向出水层挤入堵水剂或降水剂，封堵出水孔隙或改变水的流度，达到堵水的目的。

（5）补孔。主要是对射孔不完善的油、气层进行补射，增加油、气流出通道，从而提高油、气井产量或注水井的增注能力。

此外，措施作业还有封串、改层等。

4. 维护作业

是指为保持油、气、水井正常生产而进行一般性的维修作业，如清蜡、检泵、换封、冲砂及解卡、解堵、打捞等简单小型的事故处理。

（1）清蜡。油井结蜡是影响油田高产、稳产的突出问题之一，搞好清蜡是油井管理和油田开发中的一项重要内容，也是井下作业的一项重要任务。原油中含有蜡，是油井结蜡的根本原因，而在原油开采过程中压力、温度的变化是油井结蜡的外部条件。当蜡从油流中析出，沉积在管壁上之后，就需采取一定的手段将其清除掉，这就是清蜡。清蜡的方法很多，大致可分为机械清蜡、化学溶剂清蜡、热力清蜡三种。

（2）检泵。抽油泵在井下工作过程中一直受到砂、蜡、气、水及腐蚀介质的侵害，泵体部件受到损害，使泵失灵甚至造成停产，凡排除抽油泵井下故障和满足深井泵正常工作的调整维修作业统称为修井检泵。修井检泵是使泵保持良好性能，维护抽油井正常生产的一项重要手段。

（3）简单的解卡。打捞石油井在生产过程中，往往由于种种原因出现各种故障或井下事故。特别是发生井下卡钻或落物事故后，迫使石油井减产减注或停产停注，严重时甚至导致石油井报废。因此，及时妥善地处理井下事故是保证油井正常生产的一项重要工作。

属于简单打捞的事故有：掉入井内的管类、杆类、封隔器和绳类等。简单的打捞解卡是指保证油水井正常生产不需动用转盘和钻具的一般性的解卡和打捞。

5. 大修作业

大修作业是相对于维护作业中的小修作业而言的。凡属于处理套管、超越套管（处理套管外水泥环、封串及侧钻）的修理与工艺措施、复杂的井下事故打捞、严重的解卡事故处理，以及为了某种特殊目的所进行的特殊作业等统称为大修作业，习惯称为大修。大修作业一般要动用转盘和钻具。

6. 新工艺、新技术试验

为了推广和应用新工艺、新技术而进行的试验作业，如采油、采气、注水、测试和井下作业等新工艺、新技术的试验。

7. 其他

除前 6 项以外的，或为前 6 项作业服务的井下作业，如堵水前的电测找水，封串前的电测找串，压裂、酸化井施工前后的下测试仪录取参数等。

第二节 石油井下作业工程计划的编制原则和依据

石油井下作业工程计划的编制原则和依据如下：

（1）国家有关石油勘探开发的方针政策、上级下达的有关编制井下作业工程计划的规定和计划年度内本单位的石油产量任务、产量构成及主攻方向等。如老区稳产、新区投产、滚动开发等生产需要的作业。

（2）井下作业单位上期以至历年（一般是 5 年）生产经营活动

分析。编制井下作业计划，必须从本单位的实际情况出发，对本单位上期以至历年的生产经营活动进行分析，总结经验，找出不足，明确努力方向，挖掘生产潜力。

（3）先进合理的“井下作业统一劳动定额”。井下作业劳动定额是编制井下作业计划的基础，没有先进合理的定额，就不可能编制出科学可行的计划。随着科学技术进步、新技术、新工艺的推广使用、设备更新及队伍技术素质的提高，要不断地完善和修订定额标准。

（4）市场因素。随着社会主义市场经济的迅速发展和石油工业经济体制的改革，井下作业生产单位（指井下作业公司）将成为具有行业特点的专业劳务性单位。由于采油厂在作业力量丰有一定程度的配备，而且采油厂对作业费用的投入是有一定限度的，因此，井下作业生产单位在制订计划时必须充分考虑市场因素。也就是在计划期内采油厂可能提供的劳务市场、规模和自己可能占据的劳务市场份额。市场因素在井下作业生产单位制订计划的诸依据中将占有越来越重要的地位。

第十一章　油田建设工程计划

第一节　油田建设工程的施工程序

油田建设工程施工程序是反映施工安装过程必须遵循的客观规律，搞好施工的统筹安排、系统配套，遵循先地下后地上，先室外后室内的施工程序，才能达到预期的效果。实践证明，只有坚持按照程序办事，才能使任何一项建筑安装工程达到高质量、高速度、高功效、低成本。怎样按照油田建设施工程序办事，归纳起来有五个阶段。

一、接受任务阶段

目前石油基本建设施工企业接受任务有两种方式，一是企业由一级主管单位统一接受任务安排计划下达；二是企业经主管上级部门同意，自行与建设单位榷商，参加同行业竞争或进行工程投标，承包工程任务。

二、开工前组织准备阶段

施工任务确定后，首先进行任务摸底工作，了解工程概况、建设规模、特点、期限，调查建设地区自然等情况，进行统筹规划。同时还要了解新旧工程之间有关联的问题，地上、地下的管网线路的影响和利用。根据工程规模，确定本企业承包范围，然后同建设单位签订建筑安装施工总合同或单项工程合同。如签订合同条件不完全具备，可先签订工程协议，但合同或协议必须明确承包范围，供料方式，初步确定的工期，工作量、工程付款和结算办法等。

根据合同或协议和批准的初步设计或扩大初步设计等资料组织编制施工组织设计，其主要内容包括：

（1）全部工程的施工工艺流程和主要单位工程建筑安装施工综合进度，施工部署、施工程序、施工方针和施工阶段的划分，做出统筹图或网络图。

（2）场内外交通运输、施工用水用电的供应和场区排水，地下水的处理方案。

（3）特殊工程施工方案，主要单位工程和分部分项工程施工方法和措施。

（4）材料、构配件加工和供应，施工机具和劳动力需用量计划，以及外部协作能力的方案。

（5）临时工程道路、水电网路、辅助车间、仓库、施工基地计划及其平面布置图。

（6）施工总平面图。规模较小，结构简单的工程项目，其施工组织设计，内容可适当简化。

三、开工前现场准备阶段

（1）现场测量控制网的资料和桩位交接。

（2）技术资料供应，有设计单位提供的施工总平面图，及施工组织设计施工图，根据上述资料进行现场的准备工作。在建设单位办妥土地征购及施工许可证和障碍物处理完毕，即进行场地平整和道路修建；供水、供电、排水线路；施工生活生产基地修建；组织劳动力，物资、运输车辆和施工机具陆续进场；组织预制构件和机加工制品的生产。

（3）物资供应有保证，主要材料和设备指标必须落实，可以保证连续施工。当以上各项准备工作能够基本满足施工需要时，即向上级机关和建设单位提出开工报告。

（4）单位工程开工前的施工准备，主要是：施工图要经过会审；单位工程的施工组织设计或施工措施以及施工图预算要编制完；劳动力、材料、构配件、施工机具、运输、吊装等计划必须落实；三通一平（路通、电通、水通、平整场地）按施工组织设计要求必须完成。

四、全面施工阶段

1. 建立总承包负责制对施工现场实行统一指挥和管理

在较为大型的施工工地，为了更好的解决建设单位、设计单位、供应单位、施工单位相互协作配合问题，应组成受上级委托的建设项目经理部，实行统一领导、协调解决施工中存在的问题。

2. 施工必须按照程序和施工组织设计的有关规定进行

根据油田地区不同，一般建设施工，夏天是先地下后地上，先安装后土建；雨季是先地下后地上，先低洼后高地；冬季是先室外后室内。这是一套行之有效的科学顺序。再如辅设管线也有一定的顺序，运管、辅管、清管、对口、焊接、试漏、补口、下沟、回填、试压，工序颠倒了会造成返工浪费。

3. 加强技术管理，确保工程质量和工期

严格按照施工规范和操作规程施工，严格执行材料、成品、半成品的检验制，做好隐蔽工程验收、中间交工和执行质量检查制，实施质量否决权。贯彻经济核算制，开展经济活动分析，实行定额管理，按劳付酬，多劳多得。严格实行定额领料，加强材料管理，改善现场收发领退料制度。加强施工机具管理，提高机械设备完好率和利用率。抓紧工程收尾工作，兼做好设计变更和材料代用等施工图预算调整工作，及时办理单位工程结算。

五、竣工验收交付生产阶段

竣工验收交付生产使用是油田基本建设建筑安装施工的最后阶段，也是建筑商品交货阶段。竣工验收前施工单位应根据施工验收规范逐项进行预检查和预验收。设备、容器等安装，工程做好单机和局部以及整体工程运转记录，并应积极整理收集各项交工验收资料办理交工。在总交工验收时，建设单位组织有关方面的技术人员、工人进入生产岗位，而且要按照规范要求进行验收，在一次投产 72 小时后，机泵、装置、投料工艺等完全正常的情况下，才能在总验收证书上签字。按照基本建设规定投产后，土建工程保修 1 年，安装工程保修半年。

第二节　油田建设工程计划的编制依据和原则

一、油田建设工程的特点

油田建设工程不同于一般加工产品，也不同于油田勘探、钻井、采油等，它的最终产品是生产原油的联合站、转油站、注水、变电站、站间和长输管线，以及井口工艺等系统配套工程，具有以下特点：

1. 生产建设周期长

一个工程项目从开工准备到竣工投产使用，一般说来要经历较长时间才能完成。因为建设周期长，需要按工程、分阶段安排计算计划工作量，并随着工程进展的进度来定期核算生产成果。如一套生产装置或系统工程，严格按照设计要求完成其全部任务，并经验收合格后，才构成了物质产品。在此之前属于半成品或在制品，称之为未完工程，。如果像工业生产一样按产品核算成果，那就无法满足施工企业管理的需要，就会出现计划期内没有竣工项目，没有工程量，也就无法核算。

2. 工程固定性与人员、机械的流动性

原油生产是分布在油田各个区域里，作为采油、输油、注水、井口工艺等是固定的，而油田建设的人员和机械设备是流动性的。如：在一个油田的建设周期完成后，自然要转入新的油田开发地区去建设。由于建设产品的多样化和施工队伍以及施工机械经常转移，决定了按工程划分项目，按施工图列计工程量，按施工图预算价值进行日常核算，年终搞好各项目工程的实际结算，最终用资金价值量这个综合指标来反映企业的水平。

3. 建设工程内容复杂、形式多样

即使是同一产品，采用标准设计，也会因建设地点的土壤、气候条件不同而有变化。如：同一项目的联合站，因建设地点不同，带来了土质差异，高地和洼地差异，水、电、气、路、讯以及施工远近等差异。这样，虽属同一项目，有的建设项目难度小，有的建设项目难度大。

4. 影响建设因素很多

诸如设计方案、施工图纸、钻井射孔、器材设备，容器构件预制等，有的满足不了施工需要。施工战线长，高度分散，技术工种不配套、工期紧、投产急。尤其是国外引进项目，技术要求高，质量要求严。这些都增加了企业计划管理难度，所以计划要精心组织、统筹安排，保证均衡施工。

二、油田建设工程计划编制的依据

（1）根据主管上级批准的基本建设计划，保证基本建设重点项目按计划建成。重点建设项目，要进行投资、设计、材料设备和施工力量等对口落实，分期分批，统筹安排，把任务和施工布置落实到基层，确保重点项目的工期、质量达到预期效果。使重点建设项目，建设一个投产一个，迅速发挥投资效益。

（2）综合本企业的远景规划，以及企业经营承包责任制和承包指标，上年度计划完成的情况及历史水平，合理地使用本企业的人力、物力、财力。

（3）依据同建设单位签订的工程合同和施工组织设计的总进度要求，确保合同工期及合同履约率指标的完成，以增强施工企业为用户服务观念，提高企业信誉和市场竞争能力。

三、油田建设工程计划编制的任务

一般来说，计划管理任务就是通过编制计划，执行计划和检查计划，去争取最好地实现计划目标。对于油田施工企业来说，由于其行业的性质和特点，油田施工企业的计划管理，还肩负着如下的任务：

（1）优先保证国家重点建设，争取完成各项建设任务。国家重点工程建设关系到国家经济发展的全局，对国民经济有举足轻重的影响，作为社会主义的施工企业必须竭尽全力优先保证国家重点工程建设任务的完成。在此前提下，也必须统筹兼顾地安排好企业所承担的其他各项建设任务，力争这些工程能按计划和合同要求完成。

（2）做好综合平衡，使企业外部及内部的各个环节保持平衡与协调。施工企业的生产经营活动，无论是对外还是对内，在客观上都存在着一定比例关系，我们必须通过计划管理，使之保持相对的平衡，企业内部管理人员与生产人员的比例，一线生产人员与二线生产人员的比例，原材料、构配件的生产供应与需求之间的比例关系，以及各专业、各工程的配合比例，都要遵循一定的客观规律，只有保持相对平衡，进行合理地组合，才能提高企业经济效益。当然这种比例关系会随着情况的变化而变化，平衡只是动态的平衡，我们要自觉地研究情况的发展变化，分析出现不平衡的原因，争取跟上新的情况，达到新的平衡。

（3）适应竞争环境，增强企业活力，促进企业的发展。在市场经济的环境下，竞争是刺激社会发展的因素之一。我们要通过搞好计划管理提高企业素质，改善企业经营状况，在竞争的环境中搞活企业。同时要树立“三优”、“三求”的企业经营方针，三优是“优质服务、优质施工、优质管理”；三求是“在竞争中求发展、求生存、求信誉”。要眼睛向内，走内涵式扩大再生产道路，促进企业发展。

（4）抓好计划的实施控制，争取最佳的结果。在实施计划的过程中，必须随机应变，随时根据新出现的情况，因势利导地去争取最佳结果，当遇到不利于计划实现的情况时，要努力缩小实施结果与原计划目标的差距；当遇到有利于计划实现的情况时，要努力使实施结果尽可能大地超过原定的计划目标。

四、油田建设工程计划编制的原则

1. 严格执行统一计划

（1）列入建筑安装工程计划的所有施工项目，包括用国家基本建设投资安排的建设项目、用自筹资金安排的基本建设项目、用更新改造资金安排的技措项目，以及用大修理折旧基金安排的大修理项目等。凡是建设项目，都要纳入计划并经上级批准。

（2）在主管部门下达计划施工项目后，施工企业的能力尚有富余时，可按照社会需要，承担其他项目的施工任务，以及承担各种半成品的预制、管线的安装、大型土方等。但必须纳入施工企业的统一计划，由施工企业的计划部门统一掌握，统一安排，统一管理。

（3）施工企业内部的基本建设，包括国家预算投资和企业自筹资金安排的项目，应全部纳入计划，并经主管部门批准，施工企业内部的房屋和机械设备大修，更新改造资金安排的技措，新产品试制，零星购置以及施工大型临时设施，也都必须纳入施工企业计划，由企业计划部门综合管理。

2. 认真做好综合平衡

综合平衡，全面安排，是做好计划管理工作的重要方法。施工企业要做好计划综合平衡工作，首先就是要使所承担的项目计划进度和必须的资源（人力、设计、设备、材料等）调起来，即要按照人力、物力、时间的可能，确保施工计划不留缺口，不仅要使年度计划的制订一开始建立在可靠的技术物资基础上，而且在计划执行过程中还要按季、按月进行综合平衡，及时发现和解决实际与计划的偏离、脱节和不平衡，采取措施，以保证计划的实现。其次，在平衡时要以平均先进经济技术指标作为计算依据，尽量挖掘企业内部的潜力。

3. 计划的编制要积极、稳妥、留有余地

油田施工企业计划的编制，不是以施工企业本身的主观意志为转移，此计划的变动性非常大，所以在计划的编制上必须结合实际，指标既要先进积极又要留有余地，以便对可能出现的某种难以预测的不利因素和意外的不平衡以及在计划执行过程中出现的薄弱环节，能够及时灵活地采取措施，保证计划的实现。

第三节　油田建设工程计划的编制

一、油田建设工程计划指标解释及计算方法

1. 竣工投产单项工程、竣工的房屋建筑面积和主要实物工程量的计算

（1）竣工投产（交工）单项工程是指按照设计规定的要求已全部竣工的单项工程；投产（交工）单项工程是指已竣工投产并已办理验交手续，移交建设单位使用的工程。在计划年度内，单项工程

按竣工还是按投产考核，以上级主管机关正式下达的计划为准。

在油田地面建设工程中，如一座联合站、中转站工程，经检查验收已完全按照设计要求全部竣工，并经试运转验证已具备投产条件，但因液量不够或其他不属于本工程设计施工范围内的意外因素，而暂不投产的，也算投产项目考核。

上年度已按竣工技产单项工程统计过的，本计划期内属于结尾配套的工程，不再按竣工投产单项工程重复计算；但为了考核施工企业对结尾的施工情况，企业内部可将此项工程作为辅助考核指标。

（2）竣工房屋的建筑面积是指计划期内竣工的工业和民用房屋建筑面积。根据竣工的房屋建筑面积计算房屋建筑面积竣工率为：

$$\text{房屋建筑面积竣工率}=\frac{\text{计划期内竣工的房屋建筑面积计}}{\text{划期内施工的房屋建筑面积}}\times 100\%$$

（3）主要实物工程量是具体反映施工进度和工程完成情况的指标。根据国家计委和石油工业主管部门的统一规定，主要实物工程量指标有：土方工程、石方工程、打桩工程、砌筑工程、混凝土工程，金属结构工程、抹灰工程、屋面工程、工业管道敷设工程、室内外采暖工程、电缆敷设工程、动力配线工程、机械设备安装、非标准设备制作、上下水道工程、各种泵站安装工作、各种井口安装工作、铁路辅轨、矿山掘进工程等。在施工企业中可以根据每一时期的施工性质和实际的施工活动，适当选择几项主要实物工程量进行考核。

2. 建筑安装工作量计算

建筑安装工作量是以资金表现的建筑产品总量，它是反映建筑安装施工活动成果的一项综合性指标，并作为计算劳动生产率、核算工程成本降低率等指标的依据，建筑安装工作量又分为总包完成建筑安装工作量和自行完成的建筑安装工作量两项指标。作为考核，一般是以自行完成的建筑安装工作量为准，即以施工单位自行完成的以资金表现的建筑产品总量，不包括附属企业的产值和二包单位完成的产值。其计算公式表示为：

自行完成建筑安装工作量 = 全部完成建筑工作量 - 分包单位完成的建筑安装工作量

全员劳动生产率是指以建筑安装工作量表示的全员劳动生产率和以房屋竣工面积表示的全员劳动生产率。

（1）以建筑安装工作量表示的全员劳动生产率

$$全员劳动生产率 = \frac{自行完成的建筑安装工作量}{全部人员的平均人数}（元/人）$$

“全部人员”包括固定职工、临时职工和未列为职工的各处用工以及参加施工的其他人员。

全员中扣除其他人员的劳动生产率 =

$$\frac{自行完成的建筑安装工作量}{全部人员（不包括其他人员）平均人数} \times 100\%$$

“其他人员”系指从事建筑安装工程以外的人员，如农副业人员、出国外援人员、长期脱产学习人员、长期（超过半年以上）病伤人员和社会服务文教卫生人员（不含为企业直接服务的子弟学校的教职员和医务人员），由于各施工企业人员的构成很不相同，如各油田企业的建设公司，本应当由社会上的文教、卫生系统负担，因社会上的负担很重，目前都分别划归企业来管，为了考核和对比分析上的需要，应当分别确定上述两种全员劳动生产率指标。

（2）以房屋竣工面积表示的全员劳动生产率一般是计算每一生产人员平均完成房屋竣工面积（从事油田基本建设的施工企业一般不使用这个指标）。

每一生产人员平均竣工面积 =

$$\frac{房屋竣工面积总数}{平均生产人员 + 参加本企业施工的军工和民工平均人数}$$

“生产人员”包括生产工人、学徒工、在生产班组连续参加劳动满一定时间（如半年）的管理人员、大中专毕业的实习生以及在企业从事科研、设计的工程技术人员。

另外也可以计算每一职工平均竣工面积，即：

$$每职工平均竣工面积=\frac{房屋竣工面积总数}{全部人员的平均人数}$$

3. 工程质量指标的计算

工程质量指标是反映施工企业经营管理和施工技术水平的重要指标之一，工程质量指标属于构成对比指标，按部分数值在总体数值中所占比重进行计算，在基本建设交工验收或施工过程中，一般计算单位工程的优良品率和合格率。

$$单位工程合格率=\frac{合格的单位工程个数}{验收鉴定的单位工程个数}\times 100\%$$

$$单位工程优良品种=\frac{优良的单位工程个数}{验收鉴定的单位工程个数}\times 100\%$$

施工企业内部，可根据需要考核部分项目工程的优良品率和合格率。

当单位工程的规模大小不一时，也可以考核单位工程的房屋建筑面积合格率和优良品率，在油田建设工程中也可以把一座由多系统组成的大型联合站工程，分成若干个系统分别计算其合格率和优良品率。

4. 安全生产中的负伤事故频率计算

不断改善职工的劳动条件，保障职工的身体健康和安全生产，是施工企业管理的一项重要任务，考核施工企业的安全生产工作需要计算负伤事故频率，计算公式为：

$$负伤事故频率=\frac{一定时期内发生的负伤事故人次}{一定时期内平均在岗职工人数}\times 100\%$$

负伤事故频率，也叫千人负伤率，一般按月计算，如两个月以上，则计算月平均负伤率。

5. 机械设备完好率、利用率计算

施工机械设备完好率、利用率都应在机械设备所有权的范围内进行计算。

$$机械设备完好率=\frac{机械完好台日数}{日历台日数-例假节日台日数}\times 100\%$$

$$机械设备利用率=\frac{机械工作台日数}{日历台日数-例假节日台日数}\times 100\%$$

如在例假节日中加班，分子分带应分别加上假日加班台日数。

6. 产值资金计算

为了保持施工活动的正常进行，施工企业需占用一定数量的资金，包括固定资金（其实物状态即称为固定资产）和流动资金。合组使用资金，提高资金利用率，是分析评价施工企业财务状态的重要措施之一。产值资金率指标，只考核流动资金的利用情况（每百元建筑安装工作量实际占用的全部流动资金）。

$$产值资金率=\frac{流动资金平均余额（元）}{计划完成建筑安装工作量（元）}\times 100\%$$

$$每百元建筑安装工作量占用流动资金=\frac{流动资金平均余余额（元）}{计划完成建筑安装工作量（百元）}$$

7. 工程成本降低率及三材节约率计算

（1）工程成本降低率。工程成本是衡量施工企业生产经营活动的质量、经营管理水平和施工技术水平的一个重要综合性指标。在施工过程中，劳动力和材料消耗是否节约、机械设备利用是否充分、劳动生产率的高低、工程质量的好坏、资金周转的快慢、施工技术是否先进等，最终都会通过工程成本反映出来。

施工企业的成本降低额和降低率均按全部成本（总成本）进行计算，即工程成本降低额（工程预算成本减去工程实际成本）加上附属企业成本节约额（或减去超支额）为全部成本降低额。

全部成本降低额与工程预算成本之比即为全部成本降低率。

（2）三材节约率。三大材料节约率应以地区材料消耗定额为基础进行计算。

$$某材料节约率=\frac{该种材料计划消耗量-该种材料实际消耗量}{该种材料计划消耗量}$$

$\times 100\%$

材料消耗量 = 计划完成的实物工程量 × 材料消耗定额。

二、油田建设工程计划的主要内容

1. 建筑安装工程计划

建筑安装工程计划是确定施工企业在计划期施工的工程项目进度，开、竣工日期，建筑安装工程量和主要实物量等指标。建筑安装工程计划又是确定施工企业其他计划指标和计算所需要人力、物力、财力的基础。所以要先编制建筑安装工程计划，再按顺序编制其他各种计划，最后再综合平衡。在互相协调的基础上，确定施工技术财务计划的各项技术经济指标。

建筑安装工程计划通常包括建筑安装工程工作量计划、建筑安装项目进度计划和主要实物量计划等三部分。

2. 机械施工计划

机械施工计划是反映施工企业采用机械完成任务的情况。不断提高机械化程度，广泛使用施工机械设备，是高速度发展施工企业生产和减轻工人笨重体力劳动、提高生产率的重要措施。

油田建设的机械化施工程度比较高，但关键是如何提高机械的完好率和利用率，施工基建大队，在尽量挖掘、用好本单位的机械的前提下，根据工作的实际需要，向公司机械化施工队（土方机械、爬行机械和起重、运输车辆等）报请需用计划。机械化施工计划包括施工机械水平计划和施工机械需要量计划。施工机械化水平计划是确定各个主要实物量工程的机械化程度，即用机械完成的实物工程量占工程总量的百分数。计算机械化水平的主要实物工程有土方工程（包括挖掘、填方）、混凝土工程、起重吊装工程、设备安装和材料、构件运输等。施工机械需用量计划是用以确定计划期内主要施工机械的需用量，应反映出机械的使用情况。

3. 技术组织措施计划

技术组织措施计划是施工企业为完成上级计划任务和提高技术、管理水平而制订的具体行动计划，是确定各项技术经济指标的重要手段。技术组织措施计划的主要内容有：

（1）采用先进的施工工艺，改进施工组织和施工操作方法。如近几年在油田建设中推广的氢弧焊，泡沫黄夹克保温、热缩带补口新工艺。

（2）推广新技术、新材料、新结构。

（3）提高预制化、机械化和撬装化施工水平。

（4）降低附属企业产品成本，降低运输费，节约材料消耗，改善劳动组织，提高劳动生产率。

在技术组织措施计划中，要规定具体的措施内容、措施的经济效果和采取措施的有关费用及其执行单位和负责人。

4. 经济效益计划

（1）工程成本计划。工程成本计划是施工企业施工技术财务计划的一个重要组成部分，是上述计划经济效果的集中表现。施工企业中，建筑工程的计划成本是与预算成本相比较的，预算成本减去计划成本即为计划工程成本降低额；再加上施工企业直属的辅助企业的成本节约额，则得到施工企业计划的全部成本降低额，这个降低额除以预算成本，就为施工企业计划的全部成本降低率。

在编制工程成本计划时，计划工程成本应按直接费用、间接费用分别计算。直接费包括材料费、人工费、施工机械费及其他直接费，它是按技术组织措施计划的经济效果进行计算的，即以毛成本减去措施节约额为计划工程成本。

（2）劳动生产率计划。编制劳动生产率计划，必须对完成建筑安装工程任务所需的劳动消耗总量（总工日数）进行详细的计算，对于冬雨季施工除按劳动定额计算外，还要适当地考虑到效率降低系数，查明可以挖掘的潜力，提出必要的技术组织措施，找出提高劳动生产率的主要依据。在确定提高劳动生产率指标时，一方面要研究降低单位工程量的劳动消耗定额，提高机械化、工厂化施工水平，采用新技术，改善劳动组织，开展技术革命和技术革新，开展社会主义劳动竞赛；另一方面要研究提高工时有效利用率，提高出勤率和作业率，合理使用劳动力，减少非生产人员。

三、油田建设工程计划编制的程序和步骤

1. 油田建设工程计划编制的程序

油田建设工程计划是采取上下结合，分级编制，归口管理，二下一上的办法进行的。公司根据上级主管部门下达的计划和自己承包的任务，由计划部门组织有关职能科室参加，编制整个公司的计划，并提出施工任务分配方案，下达给所属施工单位。公司计划部门再组织下属的各施工单位的有关科室按照公司下达的施工任务，编制出本单位的计划草案，并上报公司，公司再根据下属各施工单位上报的计划草案，综合汇总，定出公司的计划，经企业领导批准上报主管部门，并同时下达给下属各施工单位。

2. 油田建设工程计划编制的步骤

（1）划分施工项目划分施工项目和统一编号是施工企业进行施工生产、质量检查、材料供应、财务成本预算结算和计划统计等各项经济管理的共同需要。

①工程统一编号。油田产能建设的工程统一编号除管理局计划处有统一规定之外，可按不同的区块和甲方分别进行编号。但要把工程的施工年度末尾两个数字，编在编号的首位和第二位，以下各位数字可按工程的施工顺序进行编排。

②施工项目的划分。按项目的资金来源划分可分为基本建设工程（在油田上来讲，就是产能建设工程和老区改造工程）、措施工程、大修工程、自筹资金和零星委托工程等类。

按措施过程划分可分为准备项目、施工项目、建成项目和收尾

项目等四类。这种划分有利于建筑安装工程计划的编制和施工企业的全年施工任务的部署。特别是施工期超过半年以上的施工项目，可按施工过程划分几个阶段，便于抓主要矛盾，多快好省地完成任务。

按项目本身的组成划分可分为建设项目、单项工程和单位工程等三类。

（2）做好施工部署施工企业要对施工项目进行排队，统筹安排，做好施工部署；以上级重点项目和建设单位要求的急需项目作为主攻方向，保证重点，照顾一般，全面完成施工任务。

①确定重点建设项目。重点建设项目是指关系石油工业发展的重要建设项目，一般是由上级计划部门和主管部门确定下达。

重点项目本身的建设条件要落实，即投产后的能源、原材料、水源、运输等都要有保证。如开发某一地下资源或油田时，就应当考虑到这个项目建成后地下资源能否满足生产上的要求，也就是在确定重点建设项目时应当从各方面进行可行性的研究。

②确保重点，照顾一般。在保证完成重点建设项目的前提下，要相应安排一些一般建设项目。对重点建设项目，要注意主体工程、辅助工程、环境保护工程和有关的配套工程的统一安排。特别是要抓紧完成收尾配套工程，不留尾巴，更好地发挥投资效果。

③上下结合，层层落实。施工企业根据全局确定施工部署后，直属施工单位、辅助生产单位还要结合各自的具体情况进行安排，诸如力量的部署、结尾工程的撤出、战线的缩短、开工工程的程序等。

3. 施工任务的分配

施工企业向下属的施工单位即工程处、工地或施工队等分配上级下达和自行承包的施工任务时，必须使每一个施工单位或附属辅助生产单位具有正常的负荷，能够比较充分地发挥自己的施工生产能力，具体办法如下：

（1）分配施工项目时，既要有当年施工、建成和收尾的项目，又要有后备的项目，以便较好地组织均衡施工和年度间持续施工，尽量做到施工均衡、连续。

（2）施工项目的地区分布，要相对集中、相对稳定。油田建设任务的分配，应按区块分配给施工单位，尽量做到一个施工单位在满足本身施工能力的前提下，不跨越区块施工，尽量减少分散，以便于管理。

（3）施工任务的分配必须建立在正确计算施工能力的基础上，要根据施工对象，施工单位（施工队、工程处、或工地）的技术素质、装备能力、人力构成、工种的比例搭配、平均技术等级、人员的管理素质和施工单位的专业特长以及近几年来平均发展的速度等因素，确切地计算出施工能力。

第四节　网络计划技术

一、网络计划方法概述

网络计划方法是一种科学的计划方法，又是一种有效的生产管理方法，特别适用于施工企业的计划管理。

网络计划法作为一种计划的编制与表达方法与我们一般常用的横道计划法具有同样的功能。对于一项工程的施工安排，用这两种计划方法中的任何一种都可以把它表达出来，成为一定形式的书面计划。但是由于表达形式不同，它们所发挥的作用也就各具特点。

横道计划是以横向线条结合时间坐标来表示工程各工序，整个计划由一系列的横道组成。网络计划则是以加注作业持续时间的箭线（双代号表示法）和节点组成的网状图形来表示工程的施工速度。例如，有一项分三段施工的钢筋混凝土工程，用两种不同的计划方法表达出来，内容虽完全一样，但形式却各不相同（表14－1）。

表14－1 横道计划

工序	进度计划，天										
	1	2	3	4	5	6	7	8	9	10	11
支模板	一	段	二	段		三	段				
绑钢筋				一	段	二	段		三	段	
浇筑混凝土								一段	二段	三段	

横道计划的优点是较易编制、简单明了、直观易懂。因为有时间坐标，各项工作的施工起止时间、作业持续时间、工作进度、总工期、以及流水作业的情况都表示得清楚明确，一目了然，对人力和资源的计算也便于据图叠加。它的缺点主要是不能全面地反映出各工序相互之间的关系和影响，不便进行各种时间计算，不能客观地突出工作的重点（影响工期的关键工序），也不能从图中看出计划中的潜力及其所在，不能电算及优化。这些缺点的存在，对改进和加强施工管理工作是不利的。

网络计划的优点是把施工过程中的有关工作组成了一个有机整体，因而能全面而明确地反映出各工序之间的相互制约和相互依赖关系。它可以进行各种时间计算，能在工序繁多、错综复杂的计划中找出影响工程进度的关键工序，便于管理人员集中精力抓施工中的主要矛盾，确保按期竣工，避免盲目抢工。通过利用网络计划中反映出来的各工序的机动时间，可以更好地运用和调配人力与设备，节约人力、物力，达到降低成本的目的。在计划执行过程中，当某一工序因故提前或拖后时，能从计划中预见到它对其他工序及总工期的影响程度，便于及早采取措施以充分利用有利的条件或有效地消除不利的因素。此外，它还可以利用现代化的计算工具——电子计算机对复杂的计划进行计算、调整及优化。它的缺点是从图上很难清晰地看出流水作业的情况，也难以据一般网络图算出人力及资源需要量的变化情况。

网络计划方法最大特点就在于它能够提供施工管理所需的许多信息，有利于加强施工管理。所以，网络计划方法已不仅仅是一种编制计划的方法，而且还是一种科学施工管理方法。它有助于管理人员合理地组织生产，使他们做到心中有数，知道管理的重点应放在何处，怎样缩短工期，在哪里挖掘潜力，如何降低成本。

二、施工网络计划的表示方法

1. 施工网络计划的概念和分类

在工程施工中，为了适应不同用途的需要，网络计划的内容和形式是不同的，一般分别如下：

（1）按应用范围分类可分为局部网络计划、单位工程网络计划和总网络计划。

局部网络计划是按工程项目的一部分或某一施工阶段编制的分部工程（或分项工程）网络计划。例如可以按基础、结构、装修不同阶段分别编制，也可按土建、设备安装、材料供应等不同专业分别编制。

单位工程网络计划是按单位工程编制的网络计划。如某个厂房施工网络计划。

总网络计划是对一个新建工程编制的施工网络计划。

以上 3 种网络计划是具体施工的文件。对于不复杂的、节点总数在 200 以下的工程对象或者应用大量标准设计的工作对象，通常可以只编制一张较详细的单位工程网络计划；对于复杂的、协作单位较多的群体工程，则根据需要分别编制 3 种不同的网络计划。

（2）按时间表示方法分类可分为无时标的一般网络计划和时标网络计划。

无时标网络计划，其工序的作业持续时间是用数字标明的，与箭线的长短无关。

时标网络计划是用箭线的横座标上的投影长度表示工序持续时

间长短的计划。

2. 施工网络计划的排列方法

为了使网络计划更条理化和形象化，在绘图时应根据不同的工程情况，不同的施工组织方法及使用要求等，灵活选用排列方法，以简化层次，使各工序之间工艺上及组织上的逻辑关系准确而清晰，便于施工组织者和工人群众掌握，也便于计算和调整。

（1）混合排列这种排列方法可以使网形看起来对称，但在同一水平方向上既有不同工种的作业，也有不同施工段中的作业。一般用于画较简单的网络图。

（2）按流水段排列这种排列方法把同一施工段的作业排在同一条水平线上，能够反映出建筑工程分段施工的特点，突出表示工作面利用情况。

（3）按施工专业或单位排列有许多施工单位参加完成一项单位工程的施工任务时，为了便于各施工单位对自己负责的部分有更直观的了解，网络计划就可以按施工单位来排列。

（4）按工程栋号（房屋类别、区域）排列这种排列方法一般用于群体施工中，各单位工程之间可能还有某些具体的联系。比如机械设备需要共用或劳动力需要统一安排，这样每个单位工程的网络计划安排是相互有联系的，为了使总的网络计划清楚明了，可以把同一单位工程的工序画在同一水平线上。

3. 工序的组合与网络图的合并

（1）工序的组合现场用的网络图，特别是工地管理人员要具体执行的网络图，一般都画得比较详细，以便指导施工。然而另外的场合，这种详细的网络图却不一定适用。比如，供讨论方案使用的网络图或供各级领导机构使用的网络图则没有必要十分详细，这就需要将网络图进行简化，简化办法就是将网络图中的某些工序予以组合（合并）。例如可将按分项工程绘制的网络图分别组合成以基础、主体结构、装修、设备安装、水电安装等分部工程为基本单元

（箭线）的网络图，使网络图的箭线减少，简明扼要。至于组织简化的程序则应根据不同使用要求来决定。

（2）并图（网络图的连接）绘制一个较复杂的建筑工程网络图时，往往可先将其划分成若干相对独立的部分，然后将各部分分头绘出，最后再将它们合并在一起。例如在房屋建筑中就不妨先分别绘制基础、主体结构、装修、水电设备安装等分部工程网络图，然后再把分部工程网络图连接起来合并成一个总网络图，这就是网络图的并图。这种连接是根据实际工艺条件和组织关系进行。并图时必须注意它们之间的逻辑关系的正确性。出现不应有的多余联系时，也要运用断路法解决，多余的虚箭线和节点也应删去。

第五节　油田建设工程计划执行情况的考核

一、计划的贯彻

计划的编制仅仅是计划工作的开始，而更为重要的是计划的组织实施。

首先要把计划贯彻到职工群众中去，计划的下达要通过经营管理大会和职工代表大会，由经理报告上期计划执行情况和本年度计划的内容和要求，存在的问题以及应当采取的措施；然后发动职工讨论，提出完成计划的措施，作出决议贯彻执行。

为切实保证计划的贯彻实施，还要发动工会、共青团配合行政领导，组织开展社会主义劳动竞赛，把企业的经营成果同广大职工的物质利益结合起来，以促进计划的全面完成。

其次还要通过生产平衡协调会议，对施工中的人力、物力、财力进行合理的平衡安排，保持合理的规模，既要满足施工需要，又能取得较好的经济效果，平衡和协调是计划管理的主要职能，计划科从编制计划开始，就要不失时机地根据油田计划多变的特点，对施工条件的变化反复研究，掌握动态，及时向企业主管生产的领导提出计划综合平衡的意见，以保持连续均衡施工。

二、计划执行情况的检查

1. 检查主要计划指标的完成情况常用的方法是比较方法，就是把各项指标的实际完成数与计划数对比，这种方法可以直接看到计划的完成程度，但必须注意要全面分析，不仅对照数字指标，也要检查质量指标。有时为了说明问题，还要把指标完成的数字和与历史最好水平或上年度同期完成的数字进行比较。通过对主要计划指标完成情况的检查，可以发现薄弱环节，进行有效的督促和协调。

2. 要注意检查工程形象进度，即实物量指标计划。经济指标是由实物量来决定的，但有时经济指标完成了，而形象进度不见得按计划完成，尤其是油田产能，如一座中转站系统工程，站内土建工程施工多、经济指标低，而站外管线耗工少、经济指标高。又如一条管线途径沼泽地和岗地，为单纯地完成经济指标，先把好干的、用工少的、价值高的项目完成了，经济指标也会上来，但把耗工多、价值低的项目都甩下了，上月拖到下月，越积越多，最后造成尾巴长，影响了工程配套建成。

所以进行计划检查时，工程量和工作量两个指标，必须突出对工程实物量的检查，只完成工作量指标而没有完成实物量形象指标的项目，不能算完成计划。

3. 用分析方法检查计划完成情况，这就要求在检查计划时要查明完不成计划的原因。常用的方法就是先对某项指标（或几项指标）的完成情况进行分析，找出影响完成该项（或几项）指标的各种因素，然后把这些因素加以综合研究，找出主要因素。通过这样的检查，既可发现执行中的薄弱环节，进一步挖掘潜力，拟定应采取的措施，迅速改变这种被动局面，也可以发现某些单位的先进经验，及时加以总结推广。

4. 计划的检查是一项经常性工作，必须定期系统地进行，检查的时间间隔不宜过长，否则，就不能及时发现问题，造成计划失调。尤其是对重点工程要逐个进行检查，对主要实物工程量完成情况的检查，可以发现哪个工程不能跟上整体进度的需要，以便及时采取措施。对计划开工日期、竣工日期的检查，则可以反映施工前的准备工作和竣工前的收尾工作组织实现的好坏。

分析目的确定之后，就要对已拥有的统计资料加以鉴别，根据要求进行必要的加工，对资料重新分组等。确定资料的可靠性和代表性，如计算方法是否正确，计算口径和范围是否一致，以及利用的实例是否典型。当现有的统计资料不能完全满足分析需要时，必须进一步做搜集补充资料的工作。

5. 进行系统周密的分析是在整理、审核资料的基础上，围绕主题进行系统地分析研究。通过分析，发现问题，揭露矛盾，并提出解决矛盾的建议和措施。这是分析工作的关键步骤。

6. 根据分析结果写出分析报告，经过系统的分析研究，做出实事求是的结论，并尽可能用数据把它反映出来。最后写出分析报告。

第十二章　技术引进和物资采购计划

第一节　技术引进的内容和原则

一、技术引进的内容和原则

1. 技术引进的内容

技术引进包括引进国外先进的硬件技术和软件技术。即先进设备或部件，新型和优质材料，新的原理、数据和配方，新的工艺和科学的操作规程，先进的经营管理方法。石油工业通过贸易途径，以种种不同的合同方式，从外国获得技术和技术装备。具体包括以下五个方面：

（1）从外国企业获得生产工艺技术，设备制造技术和经营管理技术，包括购买设计、流程、配方、设备制造图纸和工艺、检验方法等技术资料，进口样机、聘请专家指导，委托培训人员等。

（2）与外国企业合作设计、合作制造产品。

（3）委托外国咨询公司或外国企业提供技术服务。

（4）由外国企业承包或同外国企业合作勘探资源，合作工程设计。

（5）成套设备或关键设备的进口。

2. 引进技术的原则

（1）要从引进进口设备转移到引进软件技术。我国石油工业已经有了一定基础，过去也从国外引进了不少设备，在这一条件下，不能再过多地进口成套设备，而应多引进软件技术。软件技术通过一定途径传授给劳动者并和生产资料、劳动对象相结合，形成直接的生产力，其作用可以广泛转移和扩大，硬件技术作为生产资料作用于劳动对象，没有转化作用，只能增加生产能力。

（2）要从进口成套设备转移到进口自己不能制造的单机和关键设备。我国已拥有较为强大的工业基础，在新建企业中除有些单机、关键设备不能生产外，其余机器设备都能够自己制造，所以进口自己不能制造的单机和关键设备，则少花钱，多办事，还能促进工业生产的发展。

（3）不要重复引进。重复引进、盲目引进是利用外资的最大浪费。要克服本位主义、分散主义倾向，建立技术引进信息系统，从宏观上加强引导，避免重复引进现象的发生。

（4）引进的技术必须是先进的，而且要抓紧消化和推广。要引进适应我国资源条件、生产条件和经营管理水平的先进技术，同时在自力更生的基础上，抓紧消化、吸收、推广和创新的工作，绝不能一切照搬。这是提高国内技术水平和设备制造能力的重要条件。

（5）必须工贸结合、分工协作。引进先进技术，涉及许多部门，必须搞好各方面的关系，其中最重要的是对外经贸部门与工业生产等订货部门必须密切配合，分工协作。

工业订货部门必须事先对引进项目认真进行可行性研究，切实做好各项基础工作，经过考察和调研，挑选新技术、新工艺、新设备，及时提出引进方案和询价条件。对外经贸部门则必须根据引进项目的具体要求，协同生产订货部门，着重抓好国际市场动态，贸易方式、厂商资信的调研。

对外谈判时，技术谈判以工业订货部门为主，商务谈判以对外经贸部门为主，相互配合，一致对外，发挥各自的积极性和责任感，争取以较好的技术和价格条件引进符合要求的技术或产品。

（6）按照石油工业发展的需要确定引进技术的种类、重点和规模。从石油工业的实际出发，使技术、设备引进项目达到以下目的：

①有利于提高勘探、开发技术水平和扩大生产能力。

②有利于提高油气水处理技术水平。

③能够促进石油装备国产化的关键技术和设备。

④保证已引进技术设备正常运转所需的零配件、元器件和消耗材料。

二、引进技术的主要方式

引进国外先进技术有多种方式，我们采用的有购买先进设备、许可证贸易、咨询服务、合作生产、合作研究等。

1. 购买先进设备

按照行业的技术基础不同，购买先进设备可分为如下两种：

（1）购买成套设备。购买成套设备，也就是购买生产能力。这种方式往往还包括由外商承担工程设计，以及施工、安装、开工的技术指导和职工培训。一个国家实行技术引进的初期大都是采用这种方式。

购买成套设备大致有三种办法：一是自购，即由买方直接向设备制造商采购；二是代购，买方请工程承包商代为办理采购业务，设备的选择在买方，采购业务则由承包商负责，承包商收取一定的服务费；三是承包，由承包商承包设备的供应，也就是由承包商向设备制造商购来设备后，另行作价转手卖给买方，从中增加经营管理费、检验费、行政费以及利润佣金等，这些费用加在一些，往往占到设备贷款的百分之几十。

（2）购买单机和关键设备。购买单机，一般为购买主机，购买主要的机器和关键设备。

辅助的机器设备由自己制造。这种办法比购买成套设备合算，它既可以减少外汇支出，又有利于国内配套工业发展。但购买单机、关键设备的引进方式，要求国内有一定的技术基础和设备制造能力，如果国内辅机不能按时制造配套，就会影响整套设备的及时投产，不能充分发挥先进技术的作用。

2. 许可证贸易

许可证贸易就是买方向卖方取得制造某种产品的许可权，或叫许可证。具体说来，就是卖方要向买方提供说明书、图纸、照片、样品、模型、公式、配方、安装及施工图和其他技术文件，或派人传授技术、经验、协助准备生产等，有时还包括买方派人去卖方的工厂学习，买方则要支付使用费，并承担保守秘密及有关的义务，所以许可证贸易，实际上是一种作价的技术转让，是当前国际上技术贸易的最常用、最主要方式，也是我国引进技术的一种重要方式，采用这种方式，要求国内有较高的技术基础和设备制造能力，因为购买技术以后，从研制设备的制造、安装、试车、产品检验，以及管理，一般都要靠自己的力量解决。这种方式的显著优点是比购买设备能节省大量外汇，有利于培养自己的技术人才，提高制造能力和技术水平。

许可证贸易分为专利、技术秘密和商标三类：

（1）专利由政府有关部门根据发明人的申请，认为其发明符合法律规定的条件，而授予发明人的一种独占的权利，取得专利权的发明人，可以在一定期限内，享有使用该项发明进行生产和销售其产品的独占权，任何人如果要利用该项专利进行生产和销售使用该项专利制造的产品，都必须事先征得专利权所有人的许可，并要付给一定的报酬。如果未经专利权所有人的同意而擅自使用了其专利，就构成法律上的侵权行为，专利权所有人可以向有关当局提出控诉，要求予以制止和赔偿损失。

专利权包括制造权、使用权和销售权三个内容，支付了专利费，就取得了这三项权利。

买好专利，第一，要注意专利的技术水平，了解市场的需求，调查是否过了专利的保护期，防止上当。第二，根据具体情况，决定购买全套专利还是部分专利，一般是购买自己所必需的部分专利，与本国技术搭配起来，既省钱，又有助于本国技术的发展。第三，专利费取决于专利技术水平高低、建厂投资的大小、生产的规模、市场的大小、盈利的多少和合同期限的长短等因素，应尽量用最少的费用，取得最大的效益。

（2）技术秘密是从事生产活动所必需的尚未向社会公开的秘密技术、知识和经验，就是为生产某种产品，或为实现某种工艺操作，以及为建立某种工厂所需的知识、经营和技艺的总和。技术秘密是许可证贸易中最重要的内容，是一种未取得专利保护的发明创造，它包括设计、工艺、设备操作，以及生产实践等方面的知识和经验。购买技术秘密，就是把未公开的技术知识买进来，学会和掌握这项制造技术。

由于技术秘密未取得专利保护，因此它的内容是不公开的，对于它的具体内容和实际价值事先往往难以判断。但是，作为贸易项目的技术秘密，必须具备以下条件：

①必须能在一定范围内应用，个别人特有的手艺和技巧不能体现在文件上或难以相互转让，不属于技术秘密的交易范围。

②能用文献资料形式转让的，又可以鉴定辨别的。

③能在协议中明确规定向买方传授技术秘密的途径和方式，以确保买方获得利用该项技术的能力。

（3）商标是工商企业用来标明其商品，并使该商品与他人制造或销售的商品有所区别的文字、名称、记号、图案或把上述各种因素结合起来的一种标志。商标反映着产品的质量和声誉，关系到产品销售的重要问题，所以一般都要注册登记，以使商标受到法律保护，不为别人所假冒。

3. 咨询服务

咨询服务也是引进技术的一种方式，它的范围很广泛，大到行业规划和地区发展规划，承包成套工程项目，小到工程设计，可行性研究，企业的技术改造，新产品的研制，以及协助企业改革管理与经营组织，制订生产计划和市场开发系统并提出建议等等。所以它是卖“脑力”而不是卖产品。

根据国际上的实践，聘请技术高超、经验丰富的公司进行咨询服务，可以减少工程费用，提高效率，保证工程质量。委托咨询时，首先由委托者提出明确的“授权范围”，研究问题的重点，然后提出咨询价，签订咨询合同，收集资料，进行计算、分析、判断，提出建议方案。

4. 合作生产

合作生产是双方根据共同的协议，各自生产同一种产品的不同的零部件，然后由一方或双方装配出售；或双方按协议规定的规格和数量分别制造对方所需的零部件，相互交换，然后各自组装自己的产品出售。

合作生产技术，一般由一方提供，按照统一的技术标准和设计进行生产，另一方就可在合作生产过程中达到引进技术的目的。合作生产对输出技术方来说，可以利用引进方的廉价劳动力，减少运费和进口税，从而降低成本提高竞争能力，易于在引进方国内得到订货。

对引进方来说，可以引进一些新技术，提高本国的设备制造能力和成套水平，比设备分交在质量上更有保证。同时还可减少设备进口，节省外汇开支，学到技术，改进管理并培养和锻炼人才。

5. 合作研究

合作研究，也称为联合研制，是双方在科学研究和研制新产品、新工艺、新材料等方面共同合作，这是一种比较高级的技术引进方式。双方各有专长，相互借助于对方的技术和经验，可以较快地完成科研任务。

在合作研究中，双方共同拟订研究题目、研究计划，确定研究的方法与步骤，共同承担科研经费与投资，成果为双方共有。国外有些研究机构，拥有较齐全的设备条件，接受有关企业的科研投资及其人员参加科研活动，同时也向企业提供科研资料和情报。合作进行研制一般都是在技术力量较强大的公司之间进行的，拥有先进技术的企业往往不愿意和技术力量薄弱的企业搞这种联合研制。

第二节　技术引进计划编制

一、技术引进和物资采购计划的编制要求

技术、设备和物资的进口项目必须充分做好可行性分析和技术经济论证，使引进项目达到经济效益和技术效益的优化。为此，在编制引进计划前需做好以下几项工作。

（1）对已引进的设备、仪器的使用、管理、消化情况进行摸底，与管理使用单位的工程技术人员共同研究挖潜措施，加强对设备仪器的维护保养，提高设备仪器的使用率。对于长期积压或利用率不高的设备仪器要向社会服务。

（2）对石油专用钢材、普通钢材及其他进口物资的库存情况进行摸底调查，清楚地了解物资消耗情况及积压情况。

（3）根据油气公司生产发展规划所确定的勘探开发工作量和队伍增长数，结合调查摸底所得设备仪器的年度完成工作量，计算设备仪器的购置计划及物资消耗计划。

（4）根据石油工业科学技术发展规划和国际石油科学技术发展趋势，结合调查摸底所掌握的引进设备仪器与石油科技发展的适应程度，提出引进最新技术和进口设备计划。

编制技术引进和物资采购计划还应注意以下几点：

第一，设备的型号规格和技术规范要在引进项目的立项前调查

清楚，慎重选定，立项后一般不能变更设备选型，所订进口合同要与批准的设备选型相符。

第二，要掌握较为准确的价格，使进口合同金额与批准的计划用汇额基本接近。

计划用汇额的确定要根据国际贸易的价格构成。商品的价格，除货值、卖方利润外，一般还包括物交接过程中的装卸、运输、储存、保险、关税等费用，以及由于承担办理这些事务的责任和风险而产生的代价。有时还包括商人索取的佣金。

目前常用的是离岸价（FOB）和到岸价（CIF）两种价格。离岸价为装运港船上交货，买卖双方责任、费用和风险的划分以船舷为界。到岸价为成本保险费加运费。卖方需将货物装上船并承担海上运费及保险费，买方在约定的目的港受领货物。

二、技术引进和物资采购计划的审批程序

国家对技术引进和物资采购计划实行按项目分类分级审批的原则。

（1）为贯彻国家产业政策，支持石油工业加速勘探、开发、国务院机电设备进口审查办公室对石油工业常用的机电设备委托总部机电设备进口审查办公室自行审批，由总部计划局下达批复文件。经批准的引进项目分别交由总部机电设备进口审查办公室和物资装备公司负责办理有关进口手续。

（2）属总部自审目录之外的机电设备、仪器引进项目经总部审查后，报国务院审查办审批，经批准后到经贸部门办理进口许可证。

（3）国家控制和限制进口的机电产品引进项目，必须按照国家指定的归口部门进行分交审查。这类机电设备的进口都要先在国内组织招标，经过招标，国内不能生产供应时，才准许办理进口手续。

三、技术引进和物资采购项目的实施

引进项目的实施基础是项目管理，较大的引进项目油气公司必须成立项目组，实行项目管理，全面抓好引进项目的前期准备、技术论证、谈判签约、验收培训、消化吸收等各个环节，保证引进项目的顺利实施。

引进项目组由引进单位和企业主管部门派人员组成，实行采购全过程责任制。

（1）采购金额不能突破批准的计划用汇额，努力控制合同总金额，不能超支。

（2）严格按批准的采购项目引进，不得擅自增减和调整采购项目。

（3）保证引进设备的性能和质量，按时组织投入使用。

四、技术引进和物资采购计划的清理与调整

在国际经贸活动中由于国内和国际上的一些不可预见因素，会使采购计划发生变化，不能按预定计划执行，因此，要经常注意分析外资使用情况，及时清理呆滞的外资余额用于新的引进项目。

五、清理呆滞的外资余额

（1）已批准的引进项目，在未办理订货卡片之前发生了变化，需及时撤消或调整已批准的采购计划，清理出计划用汇的差额。

（2）已办理订货卡片的引进项目由于采购计划的变更，需要及时办理撤消订货卡片手续，清理出撤卡节余的用汇额。

（3）由于国际经贸价格的变化或商务谈判压价，使引进、采购合同金额少于批准的计划用汇额，清理出多余额。

（4）由于不可预见的因素使已签引进、采购合同不能履行，引进项目作废而节余的用汇额。

（5）由于索赔所得金额。

上述清理工作要在进出口公司的配合支持下进行，并由进出口公司出具证明。这些外汇余额经总部计划局组织审核后方可批准使用。

第十三章　对外合作开采石油计划

第一节　对外合作开采石油的必要性

一、石油开采是国际性的风险事业

石油开采是一种投资多、高风险事业。特别是海上石油开采和陆上石油开采相比，则具有更大的风险性。

海上石油开采有以下特点：

1. 投资大

海上石油开采的投资，一般要比陆上高出 3 ~ 4 倍，甚至 5 ~ 6 倍。以南海海域为例，打一口 500m 左右的探井，一般要 100 万美元左右。

2. 建设周期长

海上石油开采，从第一日探井出油到油田建成投产，一般需要 6 ~ 7年，快的也要 4 ~ 5 年。

3. 技术密集

海上石油开采不仅有狂风恶浪的经常袭击和海水的长期腐蚀，要经得起二三十年的考验，而且应用技术领域广，上至航天遥感、下至深海潜水均为海上石油开采所必需。

4. 风险高

进行海上石油勘探开发，大量的风险往往来自两个方面：一是耗费巨大的勘探投资，如果找不到商业性油（气）田，则全部投资将会落空；二是海上恶劣的自然环境，不可抗拒的事件，随时可能发生，造成巨大的损失。

由于上述一些特点，海上石油开采早已成为一个国际性的风险事业。世界上拥有石油资源的国家，不论是发展中国家还是发达国家，为了分散风险并弥补本国资金的不足，大都采用与外国合作的方式，利用国际资金和先进技术来进行石油开采。

目前世界上已有近千家石油气公司从事于这种风险事业，最著名的有号称“七姐妹”的历史悠久的国际大石油气公司（美国的埃克森、莫比尔、德士古、雪佛龙、海湾、英荷壳牌、英国）。它们都着眼在世界范围内勘探开发石油资源。随着这种活动的逐步扩大，以及石油资源国的政治、经济形势的变化，产生和发展了多种合作方式。各石油资源国为了维护国家主权，也加强了立法，逐步制订和完善了合作开采石油的政策和法规，形成了许多国际惯例。

这些都为国际合作进行石油勘探开发创造了良好的条件。

二、我国对外合作开采石油的发展

我国对外合作开采石油是从海上石油开始的。我国辽阔的海洋，蕴藏着丰富的石油资源，但是限于我国缺乏资金，技术水平又较低，从 20 世纪 60 年代到 80 年代，搞了 20 年，海上原油产量才 10 多万吨，海上石油的发展是缓慢的。因此，在我国资金缺乏，技术水平不高的情况下，要争取时间，加快海上石油的发展，最有效的途径就是与外国公司进行合作开采。

1978 年 12 月，中共中央召开了十一届三中全会，提出了对外开放的方针，为我国对外合作开采石油这样一个大的战略问题，提供了方向和依据。1979 年经我国政府批准，原石油工业部就以中国石油总部的名义先后同美、英、法、意等国的16家石油气公司在南海、南黄海的海域签订了进行地球物理勘探的协议和备忘录，拉开了海洋石油对外合作的序幕。随后，在1980年又与国本和法国的石油气公司通过双边谈判签订了在渤海南部、西部和中部以及北部湾的四个石油合同，积累了与外国石油气公司谈判大型石油合同的经验。1982年1月30日国务院正式颁布了《中华人民共和国对外合作开采海洋石油资源条例》，成立了中国海洋石油总部，并授权其全面负责对外合作开采海洋石油资源的业务，打开了海洋石油对外合作的新局面，十多年来已在渤海、南黄海和南海的珠江口、莺歌海、北部湾等海域进行了三个轮次的国际招标和多次的双边谈判。到1991年年底，共与131个国家和地区的49家石油气公司签订了个石油合同和协议，直接利用外资总额达313亿美元，1992年6月我国政府又批准对外开放东海近海部分海域，进行了第四轮国际招标。

继海洋石油对外开放后，我国陆上也在1985年开放了南方11省区，吸收外资进行风险勘探。1992年5月又宣布开放陆上东部和极浅海部分地区，随着我国对外开放政策的发展，对外合作开采石油的规模必将进一步扩大。

第二节　对外合作开采石油的方式和工作程序

一、对外合作开采石油的合同形式

对外合作开采石油是属于吸收外商直接投资的一种方式，它和一般的中外合资和外商独资方式有所不同，目前世界上对外合作开采石油有多种形式：主要有租让制、联合经营、产品分成和服务合同等四种形式，就每个国家来说，有的采用单一的石油合同形式，有的则同时采用多种合同形式。

1. 租让制合同

租让制合同是世界上石油开采最早使用的一种形式，开始于19世纪末20世纪初。租让制就是石油资源国在一定时期内和一定经济技术条件下，授于石油气公司（本国的或外国的）一定面积的租让地（或许可证），而获得租让地的石油气公司可以有效地进行石油勘探、开发、生产和销售的全部活动，资源国只向石油气公司征收一定的地租或矿区使用费，不参与石油气公司在租让地的管理和石油作业，也不分享石油气公司在租让地所获得的利润。

根据租让制合同的发展过程，大体可分为以下几种类型：

（1）早期租让制合同。最早是在未独立的殖民地国家使用，因此它带有殖民地性质。这种租让制合同的主要特征是：

①租让地面积相当大，一般至少是国家领土中最有油气前景的区域，有的甚至包括国家的全部领土，并且没有规定承租者在租让期内逐步按期撤销部分租让地。

②租让期限很长，通常为60~70年，有的竟长达99年（如在科威特）。

③承租者具有从事石油作业一切活动的专有权，在石油作业和的经营各方面拥有实际的完全管理权，其中包括：确定勘探速度，决定新油田开发生产和产量，制订石油价格等。

④资源国的财政收益主要是来自石油气公司交纳的矿区使用费，费率通常是按产量确定的一个固定比例。

⑤勘探、开发以及经营所需的全部资金，由承租者提供，所生产的全部石油归承租者所有。

这种早期租让制合同，差不多从20世纪初起一直沿用到50年代末期，随着一些殖民地国家相继独立，资源国政府通过立法、参股或国有化，已废除了这种租让制合同。

（2）现代租让制合同。现代租让制合同主要内容有：

①租让地面积有限制，通常把陆地和海上面积划分区块，授予

承租者的租让地只限于若干区块，并规定租让地要逐步归还资源国。

②租让期一般较短，通常为6～10年。如果租让期满时有商业性石油生产，根据双方议定的条款，可以延长合同期，一般开采期25～30年。若没有石油发现，租让合同期满后即告终止。

③资源国的财政收益包括以下两个方面：一是矿区使用费，按产量或产值比例收取，通常是固定费率，有的矿区使用费可随着产量的增长或油价的上涨，采用递增费率或滑动费率；二是公司所得税，根据石油气公司的纯收入征收，绝大多数资源国征收的所得税至少是纯利润的50%。许多租让合同还包括各种必须支付的定金，如签约费、油田发现费以及产量达到一定水平时的高产费等。

④对石油气公司做出的各种决策，资源国政府有权进行审查和监督，如政府可以要求石油气公司必须完成最低限度的勘探工作量，批准油田开发计划和确定石油价格等。

⑤资源国可以参股，通常政府参股的份额占一半或象征性多数。

（3）资本主义国家的租让制合同。资本主义世界的产油国现在主要采用租让制合同。但因各国的法律不同，石油资源的财产性质也不一样，体现在租让制的方式上有些区别，如美国和加拿大有大量土地属于私人所有，根据这些国家的法律规定，石油和其他地下资源，与地面的财产一起，归土地所有者拥有。在这些土地上进行石油勘探、开发和生产的公司，要和土地所有者签订租让合同，由土地所有者将矿业权租给石油气公司。其他一些资本主义国家以及美国、加拿大等国家不属于私人所有的土地，依照法律，国家有权确定石油资源的勘探开发条件，并选择符合条件的石油气公司授予开采权。石油气公司根据国家确定的条件进行勘探和开发，发现石油后，所产石油均为石油气公司所有，国家从中收取地租和矿区使用费，有的国家（如英国）除征收公司所得税外还要征收石油收入税，美国除征收所得税外，还有一种暴利税。

现代租让制和资本主义国家租让制合同，最有利的一面是资源国在财务上没有风险，管理上比较简单，如果采用竞争性的资源分配方法（例如通过招标），资源国通过各公司的相互竞争，可获取数额可观的定金和较多的矿区使用费。从某种意义上说，租让制合同的财务条款与其他类型的合同相比，更有利于资源国政府的财政收益。然而，租让制合同沿用到现在，尽管内容不断修改，仍然属于出租性质，石油气公司对石油的生产、出口和销售等仍有很大的控制权。为了确保本国长期稳定的石油供应，近年来已有一些国家，特别是西欧一些国家，开始废除租让制，改由国家参股合资经营，这样不但国家可以参与经营管理工作，而且可以从中控制一定比例的石油分配权。

2. 联合经营合同

联合经营合同出现于20世纪50年代，当时西方国家一些中、小石油气公司，特别是西欧、日本的石油气公司，为了能在第二世界产油国获得勘探开发石油的权利，被迫同意采取联合经营方式，这种合同与租让制合同相比对产油国较为有利。现在联合经营合同已成了世界上几种主要石油合同，其形式有：

（1）由产油国的国家石油气公司和外国石油气公司共同组建一个经营公司，这个经营公司是一个独立的法人实体，独立的纳税单位，它可根据合同规定负责石油的勘探、开发和生产，有时也承担石油的销售工作，参加联合经营的各方按照在经营公司中的参股比例分享利润。

（2）不要求组成一个由国家石油气公司和外国石油气公司所共有的经营公司，但由各方委派代表组成管理委员会，作为实施石油作业的决策机构。根据合同规定，每一方对开发区和开发区内的全部石油均有各自直接的开采利益。各方推选其中的一方担任作业者，实施石油的勘探、开发和生产作业。

（3）由国家石油气公司和外国石油气公司组织一种非盈利的合伙组织——联合作业公司。公司不具有法人资格，不是纳税单位，它只是作为合同各方合作进行石油作业的技术性组织，负责进行石油的勘探、开发和生产，所需资金由国家石油气公司和外国石油气公司提供。公司不负责销售石油，而是根据联合经营合同的规定，向国家石油气公司和外国石油气公司交付所生产的石油。

不论采取哪一种组织形式的联合经营合同，所有重要的决议都必须提交各方都有代表参加的董事会或管理委员会审议通过，董事会或管理委员会的代表名额按照各方所占股份的比例委派，也可以不按股份比例委派，表决程序在合同中一般都有明确规定。

联合经营合同和租让制合同一样，优点是：把勘探费用的风险（有时还有开发费用的风险）都加在外国石油气公司头上。此外，以联合经营作为一种媒介，使国家石油气公司在石油经营方面能取得专业技能和管理经验。为达到这一目的，可以让本国人员在董事会、管理委员会和联合作业公司中供职，直接参与石油作业的经营活动。在联合经营条件下，国家石油气公司必须注意培养自己的技术人才、经营和财务管理人才，对外国石油气公司的技术作业、经营管理和财务活动，进行有效的监督。

3. 产品分成合同

产品分成合同在20世纪60年代初由印度尼西亚首创，现在已被一些发展中国家广泛采用，产品分成合同的基本形式是：

①外国石油气公司要承担全部勘探风险，并负担开发和生产费用。

②生产的原油分成两部分：一部分是用来回收外国公司投资和生产作业费的“成本油”，另一部分是“利润油”，由国家或国家石油气公司和签约公司按确定的比例分成，但在任何情况下，资源国必须获得所产原油50%以上的份额（现在有的国家已取消此规定）。

③国家石油气公司掌握重大事项的监督权和管理权，日常业务管理由外国石油气公司负责。

产品分成合同的特点是，资源国拥有作业区的全部土地和资源的所有权，而又可免于提供石油作业的一切费用，并且比其他形式的合同能更早地为本国政府提供现金流。

4. 服务合同

服务合同最早出现在拉丁美洲，如巴西、墨西哥、阿根廷、委内瑞拉等国，后来在中东一些产油国也开始采用。目前这种合同形式已在发展中国家普遍采用。

服务合同的主要特点是，资源国既拥有土地和资源的所有权，又拥有勘探和生产的经营管理权。外国公司只作为产油国的一个技术代理人，承担勘探、开发、生产所需资金和风险，并负责石油作业的实施，不掌握任何产品的分配权。外国公司最终得到的报酬，通常是由产油国以低于市场价格向其销售一部分原油。

服务合同与租让制或与产品分成或与联合经营合同相比，它能使资源国得到更多的收益，但是，采用这种类型合同的地区，一般都是外国公司认为勘探风险相对较小而又有可能找到较大规模的油田，从而能使石油气公司得到有保障的原油供应，由此看来，能否签订服务合同，以及资源国能否在合同中取得较好收益的条款，主要取决于该地区是否有优越的石油地质前景，能否找到大油田，外国公司在石油供求关系中处于什么样的地位等。

二、对外合作开采石油工作程序

石油资源国在授予石油合同过程中，需要进行一系列的准备工作，根据国外一些国家的实践，主要的工作有以下几个方面。

1. 准备步骤

资源国为了在同外国石油气公司谈判签订石油合同中争取到有利的条款，很重要的一步是要把所提供区域的地质和地理方面的情况搞清楚。掌握了资源远景，就可以在一定程度上预测出外国石油气公司在一定的合同形式下可能获得的利润有多少，为以后招标、评标工作奠定基础。为此，在授予外国石油气公司合同以前，资源国一般都需要对提供的区域进行以地球物理或地球化学勘探为主的地质普查，通常的做法有三种：

（1）资源国自己进行地质普查作业，收集地质和地理方面的资料。资源国可以将资料出售给外国石油气公司，从而弥补资源国的花费，甚至还可以得到利润，巴西、牙买加等国采用这种方法。

（2）在一定的区域内，由外国石油气公司出资进行物探，并向资源国无偿提供地质资源，资源国对该区域承担招标义务，参与物探的外国公司有投标的优先权。我国和马耳他等国就采用这种做法。

（3）通过非专有许可证或专有许可证的方式，由几家石油气公司或集团或专业的地球物理勘探公司来进行地质普查作业，但不允许钻井。

非专有许可证和专有许可证的区别在于，前者可以有两家以上公司同时在同一区域内进行作业，而后者只能由一家公司进行作业，并且该公司享有以后的钻井和开发油、气藏的优惠权。

实施普查的公司，要无偿地向资源国提交资料，这些公司可以向其他外国石油气公司出售所获得的资料，回收其作业成本。

2. 授予合同

（1）区块划分资源国为了颁发许可证或签订石油合同，通常把提供给外国公司勘探、开发的区域，划分成棋盘格式的区块。并采取以下政策：

①授出的区块内一般都包含有若干不同类型的地质构造，其目的是当在这一类型的地质构造上钻探未见成果，还可以寄希望于在另一类型的地质构造上钻探，使外国公司保持不断进行勘探的兴趣。

②分批授出区块，当这一区块上钻探成功，对相邻的未授出区块就有重要意义，资源国可借此争取到更好的合同条款。

③避免把大批区块集中授予一两家石油气公司，而分别授予较多的石油气公司，这样可以促进竞争，并使多种勘探开发技术和理论得以发挥和应用，从而加快找油速度。

（2）招标的各种不同内容资源国授予外国石油气公司合同的做法通常是采用竞争性招标，所谓竞争性招标，就是由招标者确定报价内容，由投标者提出报价。报价的主要内容如下：

①定金招标。投标者要对投标的区块付一笔现金，英国在北海招标中，曾经采用拍卖的方式，谁付定金最高，就把区块授予谁。采用定金招标，资源国可及时获得一笔可观的现金。定金招标也有不利之处，其一是外国公司必须先投放一笔风险资金，因此外国公司投入的定金越多，在合同的其他条款方面对资源国的让步就越少。其二是用定金招标鼓励竞争只对大石油气公司有利，因为大石油气公司有雄厚的财力，不在乎冒最终失掉这笔花费的风险，因而限制了中小公司的投标能力。

②净利润招标。以净利润作为报价条件的招标，对资源国可以争取到相对高的净利润，但是这种净利润招标，在某种情况下对外国公司起不到刺激作用。净利润投标是在油田的一定产量规模、假定的开发工程技术条件和预测的油价等诸因素基础上的报价，如果前述因素的变化超过了外国公司的敏感性分析范围，他们就可能放弃开发油（气）田，或者要求和资源国重开经济条件的谈判。

③矿区使用费招标。以矿区使用费为报价条件的招标，就是资源国按照统一不变的费率（矿区使用费总额报价最高者中标）或滑动费率（按规定滑动幅度累加最高者中标）进行招标，它的缺点是外国公司可能由于承担不了太高的矿区使用费而过早地放弃油（气）田的生产。

④承担勘探工作量义务的招标。以勘探工作量义务作为报价条件的招标，可以使外国公司承担最大的费用支付义务，鼓励外国石油气公司去勘探开发那些至今尚未开发的地区。但是报价主要基于主观判断因素，如何合理地使用工作量义务，往往难于管理。

以上介绍的一些主要报价内容，由于采用的合同类型不同，招标时组成报价的内容也可以不同，在租让制合同中，可以按照定金、工作量及费用义务以及矿区使用费作为报价内容进行招标；在产品分成合同中可以按照定金、工作量及费用义务以及资源国同外国公司之间利润分成比例作为报价内容进行招标；在服务合同中，可以按工作量及费用义务、向外国公司出售石油的百分比以及向外国公司出售石油价格的折扣额作为报价内容进行招标；在联合经营合同中，可以按定金、最低工作量及费用义务、矿区使用费以及资源国在联合经营合同中占股份比例作为报价内容进行招标。

3. 石油立法

石油立法的目的，是资源国为了维护本国对石油资源所拥有的主权，保护本国的政治经济利益，确定在本国进行开采石油活动应遵守的行为准则，它是一个国家对石油开采政策的具体表现，反映了一个国家的投资环境，外国公司到一个国家去开采石油，他们对这个国家的政局是否稳定、立法是否完备非常重视，因为这些将直接影响他们的投资利益和投资决策。

矿产资源法或石油法，是石油立法中的一个基本法。其他还有与石油开采活动直接或间接有关的专门法规，例如环境保护、安全、管线铺设、钻井、炼制等方面的条例和规定等。石油法一般有以下内容：

（1）石油开采权。石油的开采一般分为勘测、勘探、开发和生产四个阶段。目前各资源国对石油开采权的规定，大体有三种类型：一是石油开采权仅属于国家，无论外国私人公司或本国私人公司都无权进行石油开采活动。二是石油开采权属于国家，但同时也允许私人公司，特别是外国私人公司参与。三是石油开采完全由私人公司进行，国家一般不进行石油开采。

（2）石油勘测进行勘测作业的矿区称为勘测矿区。勘测是勘探的先行阶段，它一般仅限于地表的勘探，个别国家允许浅地层钻探。地表勘测包括地球物理勘测以及地表取样、地质研究等。

勘测矿区，一般面积都很大，其勘测权是非独占性的，这就是说，作业者没有作业的单独占有权，任何公司只要获准勘测，都可以在同一地区同时进行地质普查工作。

勘测期限一般很短，多数国家赋予1～3年的期限。一个获准进行勘测工作的公司，并不需要资源国付给报酬，相反，它们有义务向资源国提供全部地球物理和地质研究报告的副本和必要的解释资料及图表。勘测者享受的权利实际就是获得资源国有关的地质资料。

（3）石油勘探。

①勘探权的特点勘探包括地震详查、钻探井、试油以及油气评价等工作。勘探权是指获得进行勘探工作的权利，一般具有独占性，即只有获得在勘探矿区特许权的公司，才拥有勘探作业的权利，不允许其他公司在该区同时进行勘探。

勘探和探测不同，勘测先于勘探，而勘测并不一定导致勘探。但是，勘探发现了油气，并具有商业价值，而作业者又能够满足资源国所要求的技术经济条件，就可以得到优先开采权，一般的做法是，勘探有结果，则续订开采协议；但也有实行勘探、开发和生产“一条龙”合同，即在进行勘探之前，就将开采的条件订妥，一旦勘探发现具有商业价值油气，就按已定条件，由作业公司负责开发和生产工作。

②勘探期限。目前各资源国关于勘探期限的规定，大体分为三种类型。

第一种是期限较短又不允许延期。例如加拿大和委内瑞拉，一般为3年，不得延期。美国联邦所属土地已经发现过油（气）田的区域，勘探期一般为5年，不许延长。

第二种是多数国家允许延期。马来西亚规定初期为3年，可延长2年；印尼规定初期为6年，可延长，但最长不得超过10年；英国规定初期为4年，可延长3年。

第三种是期限较长，划分阶段进行，根据每个阶段的情况规定投资和具体工作量。例如，埃及1963年和美国菲利浦斯公司签订的合同，规定勘探期为12年，分为4个阶段，分别为3年、3年、4年、2年。

③勘探矿区面积较小，对其范围一般都有明确规定。例如，英国北海矿区被划分为250平方千米大小的区块，一个许可证获得一个矿区的作业权。

④面积撤销原则。面积撤销原则的形成，是以国家对石油资源永久主权和石油勘探复杂性为根据的。资源国在开始时可以把大块地区的勘探权赋予作业者，但是，如果时间延长，对资源国是不利的。所以，过了一定时间，就要收回对部分地区的勘探权。由于石油勘探是复杂的，如果一个作业者在一个地区未获得油（气）发现，资源国及时收回，还可以让其他公司再进行勘探。对于作业公司而言，他们可以逐步放弃认为远景不大的地区，把精力集中在远景大的地区。

⑤作业者的工作任务和投资限额按照一些国家的立法和惯例，对于勘探作业者的工作任务和投资限额必须在合同中加以规定，作业者要制订工作计划的预算，并须得到资源国主管部门的批准。

有的国家要求合同中同时规定最低工作量与最低投资额；有的只要求规定最低工作量，即要求在特定年限内最低应钻探井的数字，有的还要求钻井必须达到最低进尺数。

⑥勘探阶段中的设备所有权，目前各国有以下几种方式：

一是美国、澳大利亚、英国等国规定，勘探作业者承担一切费用和风险，并提供所有技术和设备，设备所有权和使用权归作业者。

二是巴西、智利、危地马拉、印度尼西亚、马来西亚等国家规定，勘探作业者将自己所有的（或购买）的设备运入资源国，从合同生效之日起，将这些设备转让给资源国的国家石油气公司，这些设备的所有权属于资源国国家石油气公司，但在合同期限内，作业者可以免费单独使用作业所需的设备，在不妨碍作业者作业的条件下，资源国的国家石油气公司也有权使用这些设备。

⑦作业者向资源国政府提供石油资料的义务按照资源国对于本国资源具有永久主权的原则和通行的惯例，作业者有义务向资源国政府提供勘探所得的资料和数据，作业者对资料和数据负有保密的义务，除非为了作业需要并得到资源国国家石油气公司的同意，否则不得提供给第三者。

（4）石油开发和生产。在勘探发现商业性油（气）田之后，作业者将根据所签订的合同进行油（气）田的开发和生产，石油开发和生产涉及一系列法律问题：

①关于商业性石油的法律。规定商业性石油的标准，不同国家甚至不同的合同中都规定了不同的标准。一是油田生产出一定数量的原油或油田生产能力达到一定水平，便可称之为商业性石油。例如，法国规定一个油田生产出 30 万吨原油便被认为具有商业价值。科威特规定在某一构造上原油年产达 75 万吨，即为商业性石油。二是油田在一定时期内产量达到一定数量，就是商业性石油。例如，埃及与外国石油气公司的合同中规定，单井连续 10 天，日产量达到 70 吨（500 桶）即为商业性发现。三是把油层深度与产量联系起来，作为判断商业价值的标准。例如，利比亚和法国一家公司的合同中规定，符合以下标准，被视为具有商业价值。

油层深度（米）	要求产量达到的水平（吨/年）
1219	12500
1828	20000
2438	32500
3084	50000

还有的规定以盈利率作为是否具有商业价值的标准。在 1974 年以前，盈利率达到 25% ~30% 被认为具有商业价值，现在，达到 15% 以上的盈利率，就被认为具有商业价值。

②开采期限。在 1974 年以前，资源国赋予作业者的开采期限一般较长，多达到 30 ~50 年，现在通常为 20 ~30 年。例如，印尼为

20 年，但可延长两次，每次 2 年；阿根廷为 25 年；厄瓜多尔为 20 年，可延长 10 年。

③开采矿区。许多国家对开采矿区的面积、块数有一定的限制。印尼规定一个作业者所开采的矿区面积不得超过 1.5 万平方千米，巴拿马规定具有商业价值的勘探矿区，半数归还资源国。

④开采计划和预算。有的国家对开采计划提出一定的要求，例如，澳大利亚要求每个矿区每 25 平方英里每年起码投资 10 万美元；哥斯达黎加要求每年每 10 公顷起码投资 200 美元。

⑤资料国对石油开采的监督和管理一般要求作业者每年以年终报告方式向资源国有关部门报告油田生产情况。其中包括开采情况、总产量、生产设备的性能和位置、当年生产成本、雇用人员数、国籍以及工资总额等。资源国可以要求石油气公司生产达到一定水平，但是，为了防止本国石油资源开采过快，有权规定每个油田的最高产量限额，限制油田生产井数和单井平均产量或限制每个油井的生产天数。

（5）缔约人（作业者）缴纳税费的义务。许多国家法律规定，进行油气开采与经营，都要向资源国缴纳法律所规定的税费，这些税费比起一般经营工商企业要多一些。而且根据作业内容不同，经营合同形式不同，所缴税费也不相同。一般税费有：进行勘测活动缴纳地表税，签订勘探开发合同缴纳签字费，租让合同和联合经营合同征收地租或矿区使用费，盈利企业缴纳所得税等。还有国家规定了一些特别税费，如石油收入税、发现费（发现石油时）、高产费（石油高产量时）等。

（6）作业者遵守资源国法律、接受资源国监督的义务。按照主权原则，在矿区开采石油的作业者，包括石油气公司及有关个人，均有义务遵守资源国的一切法律。如果违法，就要受到法律制裁。大多数国家法律规定，石油气公司必须优先使用资源国的设备和材料（包括交通工具、设备、基建材料），以及优先雇用资源国的人员。有的国家规定，雇用资源国人员占全体企业人员的比例不得低于某个比例数（例如75%等），并在住宿条件、劳动条件等方面不应受歧视。

根据大多数资源国家的法律，获得矿区作业的权利，并不意味对矿区的占有和支配。作业者不得影响矿区一般农业生产、工业生产、商业活动、交通航行、捕捞活动的进行。作业者还必须尊重矿区原有的公共设施、国家建筑、宗教场所等，保护其他自然资源（如森林、地下水源）。

各国石油法还规定，资源国主管职能机构人员，有权到工作场地，对作业者进行检查，作业者有义务向检查人员提供有关资料。

此外，有部分国家法律规定，在发生战争或其他紧急状况时，资源国有权要求作业者首先保证资源国用油。

第三节　我国对外合作的基本方针政策和合同模式

一、对外合作开采石油的基本方针政策

我国海洋石油在进行对外合作过程中，吸取了国外一些国家的经验，并结合我国的实际情况，制订了基本方针政策，已在国务院颁布《中华人民共和国对外合作开采海洋石油资源条例》和《标准合同》中明确下来。这些基本方针政策是：

（1）对外合作开采海域的管辖权和资源所有权属于中华人民共和国。

（2）在维护我国主权和经济利益的前提下，允许外国石油气公司参与开采我国政府划定海域的石油资源。外国公司的投资利益受到我国法律的保护，外国公司应接受我国法律的约束。

(3) 我国的国家石油气公司享有合作海域的石油勘探、开发、生产和销售的专营权。

(4) 合作勘探的投资和风险由外国公司全部承担，发现了商业性油（气）田，双方投资合作开发。在由中方任主席的联合管理委员会（简称联管会）管理下，开发和生产作业由外国公司负责，开发投资回收完后，中方有权接替生产作业，开发投资回收完后的资产所有权属于中方。

(5) 合作开发油（气）田的总体开发方案，必须报经中国政府授权的主管部门批准。

(6) 外国公司在执行合同中，有具有竞争力的条件下，必须优先使用中国提供的设备、材料和承包、服务，优先雇用中方人员。

(7) 外国公司在合作海域内进行石油作业所取得的全部资料和数据，其所有权属中方。

(8) 外国公司可以用合作开发油田生产的原油回收投资和费用，可以按合同规定取得报酬，但必须依照我国法律缴纳各种税、费。

十多年对外合作的实践证明，上述这些基本方针、政策，既维护了我国的主权和经济利益，也符合国际惯例，保障了外国公司合法权益，因而为国际石油界普遍接受。

二、石油合同的模式

我国海洋石油对外合作，采取了国际招标和双边谈判签订合同相结合的方式。对于较多外国石油气公司感兴趣的地区，则划分若干区块通过招标方式签订合同；对于其他地区，不论在什么时间，只要是外国石油气公司感兴趣的开放海区，随时可以通过双边谈判签订合同。一般来说，通过国际招标方式签订的都是石油合同，采取双边谈判方式的由谈判双方协商签订石油合同或其他协议。凡是石油合同均以当时适用的“标准合同”为基础。

海洋石油的标准合同总的原则是：外国公司独承勘探风险，中外双方共同经营开发油田，限额回收投资，余额按股分成。因此《标准合同》具有联合经营和产品分成混合型性质，就经营管理和参与投资方式而言，标准合同是联合经营性质的，即在经营管理上采用了由双方人员组成联管会的方式；在参与投资方面，中方在任一油（气）田的开发中有权参与0～51%的开发投资。就产品分配方式而言，标准合同是产品分成性质的，即对扣除了费用油之后的余额油进行分成，而不是直接按参股比例分配产量。其主要条款如下：

1. 合同的基本结构

这种合同模式的特点是，外商单独承担勘探风险，找不到油田时，中方不承担偿还勘探投资的义务；发现商业性油田后，中方有权参与投资（0～51%）进行开发，并按“两税一费、限额回收、余额分成”的方法对油田生产的原油进行分配。即：

（1）年度原油产量中，首先向我国政府交纳5%的工商统一税和12.5%矿区使用费（第二轮招标矿区使用费改为滑动费率交纳）。

（2）年度原油总产量的50%作为费用回收油气用以回收生产作业费、外商勘探费（不计利息）和双方开发投资及其合同利息（第三轮招标费用回收限额由原50%提高为62.5%，但是应交纳的矿区使用费要在62.5%限额内扣除）。

（3）余下的原油为余额油，在投资未回收完之前为32.5%，分为中方“留成油”和双方“分成油”两部分。分成油是余额油乘以分成率（X）之积减去分成率按单个油田的年产量大小分成8档（$X1$、…、$X8$），产量越高分成率越低。各档分成率由外商在投标时报价竞争。如外商要求的分成率高，则中方留成油的比例就小，如外商要求的分成率低，则中方留成油的比例就大，外商提出的分成率的高低，是中方选标的主要依据之一。

分成油按双方参与开发投资的比例进行分配。

当外商勘探费和双方开发投资和利息回收完后，费用回收限额中扣除生产作业费后的剩余部分、也转入余额油按上述办法进行分配。

外商分成油分得的报酬还要按我国税法的规定交纳所得税。

这种合同模式的好处是:

①由于分成率按单个油田的年产量高低而变化，这就在一定程度上既保证外商在低产油田上可以有合理利润，又能防止外商在高产油田上获取暴利。这样既保护了国家的经济利益，又对外商有一定的吸引力。同时将分成率作为投标竞争的主要条件，可促使外商通过相互竞争而降低其所要求的分成。

②鼓励外商尽量采用最先进的技术和搞好经营管理，节约投资，降低生产成本。因为总产量在扣除成本后，剩余的越多则双方分成的也越多。

③把双方回收投资、利息和支付生产作业费限定在总产量一定的范围内（50%），一方面适当限制了外商回收投资的速度，另一方面也保证了中方从一开始生产每年都有适当的收益。

④我国政府从油田一开始生产，就可以从工商统一税和矿区使用费获得经济收益（中方留成油）。

2. 合同的基本财务条款

合同的基本财务条款，构成了外国公司所承担的风险投资额度，外国公司对此十分重视。合同的基本财务条款由以下内容组成:

①最低勘探工作量义务。

②培训中方人员的费用。

③对中方人员的技术转让。

④签字费（第一轮招标为100万美元）。

⑤向中方参与管理的人员支付工资和福利。

⑥向中国做出的贡献（第二轮招标开始已取消）。

⑦其他费用（如必要的雇员费等）。

外国公司把财务条款作为投资环境的重要尺度，1986年以来各资源国家在油价下跌、外国公司投资兴趣低落的情况下，都先后放松了财务条款，我们从第二轮招标开始，也陆续对财务条款作了调整，例如对中方人员的培训和技术转让在有了商业性发现并准备开发后才开始，签字费可分阶段支付，取消了贡献项目，降低中方人员的工资标准等。所有这些，对吸引外国公司投资起到了较好的作用。

3. 合同的主要非经济条款

（1）合同期限由勘探期、开发期和生产期组成。勘探期为七年，分三个阶段，即3+2+2年。开发期从每一个油（气）田的总体开发方案被政府主管部门批准之日起至总体开发方案中所确定的开发作业全部完成之日止，生产期从每一个油（气）田自开始商业性生产之日起15个连续生产年，合同的总期限为30个合同年，到第30个合同年末，合同即终止。

（2）合同区面积撤消勘探期第一阶段撤消25%，第二阶段再撤消扣除了开发和生产区面积之后的剩余面积的25%，第三阶段期满时只保留开发和生产区。

（3）由外国公司担任勘探、开发和生产的作业者，从开发费用回收完之日起，中方有权接管生产作业。

（4）工作计划和预算由作业者制订年度工作计划和预算，交联管会审查后报国家公司审批。

（5）油田商业价值的确定由作业者提交油田开发详细报告和总体开发方案，交联管会审议，凡是双方都认为有商业性的，则共同投资开发。总体开发方案由国家公司报政府主管部门批准，凡是国家公司认为有商业性而外国公司认为没有商业性者，国家公司可单独投资开发，开发期内外国公司也可以参与，但外国公司要向国家公司支付国家公司已花费的开发投资及其利息的49%的份额，以及相当于该份额的3倍的罚金，罚金不能在产量中回收，凡是外国公司认为有商业性的而国家公司认为无商业性者，则可由外国公司单独投资开发、国家公司不再重新参与。

(6) 原油定价采用三步定价法：第一步双方协商议定，如协商议定不成，则第二步参照国家公司和（或）外国公司销售给第三方的合同区内其他油田或其他合同区油田的原油的价格来确定；如果当时没有发生这种销售活动，则第三步选用国际间贸易的 3 种或 3 种以上原油的平均价格作为参考来确定原油价格。

(7) 资产和资料所有权。合同区内每一油（气）田的资产设备，在该油（气）田实际发生的开发费用全部回收完后，或开发费用未回收完但生产期已满后，所有权属于中方，合同区内进行石油作业采集的全部资料和数据，所有权属中方。

(8) 协商和仲裁采用由三名仲裁员组成的仲裁庭对双方的分歧进行裁决。仲裁庭按照 1976 年联合国国际贸易法委员会仲裁规定进行仲裁。

(9) 适用法律合同的解释和执行，均受中国法律管辖；中国法律没有规定的，适用双方可接受的各资源国广为适用的法律原则。

第四节　对外合作计划的编制和执行

一、海上油（气）田开发建设

海上油（气）田开发建设的工作程序和编制计划，对外合作开采海上石油的一切活动都要以中外双方签订的石油合同或协议为依据。我国海洋石油对外合作通常是签订勘探、开发和生产“一条龙”石油合同，但也有分阶段签订合同和协议的，特别是在油（气）远景不十分明朗，钻探对象还不十分确定的区域，则采取分阶段进入石油合同的方式。例如有的先签订物探协议，进行物探工作，然后根据物探结果，外商可以选择是否谈判签订石油合同，但是不论采取何种方式签订合同或协议，海上石油开采一般都要经历勘探、开发和生产三个阶段，每个阶段都必须按照严格的程序开展工作。以油（气）田开发建设为例。一个海上油（气）田合作开发项目，一般分成两个阶段进行，即项目前期评价阶段和项目实施阶段。

1. 项目前期评价阶段

在合同区内发现的任一油（气）田，自联管会（或外商合同者）决定评价之日起至油（气）田总体开发方案批准之日止，均为前期评价阶段，在这阶段要进行以下工作：

（1）地质评价（也称资源评价）。包括打评价井，地震详查及地质构造研究，编制储量报告，报全国储量委员会审查批准，为油（气）藏评价提供必要的资料和数据。

（2）油（气）藏评价（也称开发评价）。从发现井开始就要进行油（气）藏滚动研究，建立油（气）藏模型，进行模拟研究，筛选最佳的开发方案，编制油（气）藏评价报告，为工程研究和经济评价提供必要的和可靠的资料和数据。

（3）工程评价。根据地质评价、油（气）藏评价提供的数据，进行开发工程的可行性研究，即工程评价。筛选合理的工程方案，进行工程的总体设计（即补步设计），完成工程投资估算，估算精确度达到 ±20% 。

（4）经济评价。在油（气）藏评价和工程评价的基础上进行经济评价，测算中外双方的经济效益，确定该油（气）田开发的商业价值。

（5）环境及安全评价。根据油（气）田开发设施的总体设计，对环境影响和安全进行分析和评价，编制工程项目环境影响报告书及安全分析报告。

（6）其他在进行上述评价工作的同时，中外双方如需对石油合同中规定的有关条款进行补充和修订，则可进行油田开发补充协议的谈判。

上述工作完成后，作业者向联管会提交详细评价报告和油（气）

田总体开发方案及安全分析报告，报国家主管石油的政府部门审批。开发补充协议报国家主管利用外资的政府部门审批，环境影响报告书报国家主管环保的政府部门审批。在完成以上的审批手续后（即一般工业项目完成了可行性研究报告审批），一个油（气）田开发项目即正式确立，从而进入项目的实施阶段。

2. 项目实施阶段

是指从油（气）田总体开发方案批准之日起至总体开发方案中确定的开发作业全部完成之日止。这阶段又可分为项目实施前准备阶段及项目执行阶段。

（1）项目实施前准备阶段主要工作内容是确定项目组织，明确职责权限，确定采办策略；制订采办工作程序。编制项目详细的执行计划，进行工程项目分解。制订项目的进度控制、费用控制、质量控制的方法和程序以及报告制度。与此同时，在工程初步设计的基础上，根据采办策略，准备相应的招标文件。编制详细设计（或其他招标项目）的技术规格书，明确工作范围，做好招标前的准备工作。

（2）项目执行阶段工作内容包括工程详细设计和采办、建造、海上安装、联接调试、钻井完井、整体试运转，直到油（气）田投产，进入生产阶段。

在海上石油勘探开发的每一阶段，作业者都要按照合同的规定编制合同项目的基本计划和预算（即项目的总体计划和预算）以及年度实施计划和预算，在规定的期限内，提交给联管会双方代表，联管会在规定的期限内召开会议，对作业者提出的计划和预算进行讨论、修改。通过后，由合同的中方执行者——国家石油气公司的地区公司在规定的日期（一般为每年的 10 月 15 日）上报国家石油气公司（或政府主管部门）审查批准。国家石油气公司在接到上述计划和预算报告后的 15 天内，应将其批准文件通知联管会。如果国家石油气公司对上述计划和预算有何修改要求，合同双方应立即开会讨论作出修改，经双方同意的修改应立即生效。

如果国家石油气公司在15天内没有将其批准文件通知联管会，则经联管会通过上报的计划和预算应视为已被国家石油气公司批准。作业者按照经批准或修改的计划和预算组织实施有关石油作业。

二、对外合作计划的内容和要求

1. 合作勘探计划和预算

合作勘探是由外国石油气公司单独承担投资和风险，并担当作业者。作业者根据合同规定在合作区块内承担的最低义务工作量（包括在勘探期内应作的地震测线公里数、应打的探井数或应投入的勘探资金额），以及预测在探区内有油（气）发现后追加的工作量和对新发现的油（气）田进行技术经济可行性研究的作业，来编制基本计划和预算，并在此基础上安排勘探期内各年度的实施计划和预算，提交联管会双方讨论通过，报经国家石油气公司审批后，由作业者组织实施。这里要说明的是，由外国石油气公司独承风险的勘探计划为什么还要报国家石油气公司审批呢？这主要是因为勘探一旦获得商业性油（气）田，中方是要偿还的，审批的目的主要是控制外商的间接费用。

勘探基本计划和预算的内容主要包括勘探对象区域、作业项目（包括物探、钻探井、技术经济评价等）、勘探期分年的工作量和进度安排，以及每项作业费用的估算金额。

勘探年度实施计划和预算由作业者根据基本计划和上年度实际勘探成果安排计划年度内的勘探工作量，并根据有关价格信息、已签订的承包作业合同等编制当年度的预算。实施计划和预算的项目内容与基本计划和预算的内容基本相同。

无论勘探基本计划和预算，或年度实施计划和预算，在编制或提出报告时，国家石油气公司如认为有必要，可以要求作业者提供勘探各项作业费用计算的依据和原始信息资料，如新选择的承包商名单及其报价情况等。

2. 合作油（气）田开发计划和预算合作

油（气）田的开发作业仍由外国石油气公司担当作业者。在合作区块内通过勘探发现油（气）田后，经过前述地质评价、油（气）藏评价、工程评价和经济评价，作业者正式提出油（气）田总体开发方案，交联管会讨论决定，报经国家石油气公司转报政府主管部门批准。作业者根据批准后的油（气）田总体开发方案有关数据来编制开发计划和预算，在提交联管会讨论通过并报批后执行。

（1）开发基本计划和预算作业者按照油（气）田总体开发方案有关数据编制开发建设期内分年度的项目进度安排和预算。包括：

①开发作业进度计划表其内容包括基本设计、钻生产井（包括注入井，下同）、钻井完井工程、生产设施建设、投产期等各项施工进度安排。该表主要由作业者的工程技术人员负责编制。

②开发基本计划预算表包括基本计划和预算总表、生产井钻井完井费用预算表、钻井器材费用预算表、生产设施建设费用预算表、管理费（包括教育培训费、零星固定资产购置、管理人员费用、经费等）预算表等。预算表是根据各年度施工进度安排的工作量，以及预测的各类价格等分别计算而来，由作业者的经营计划人员负责编制。

（2）年度开发实施计划和预算作业者于每年三季度根据开发基本计划和预算，结合当年度计划和预算实施结果来编制下一计划年度的实施计划和预算，提交联管会讨论通过，经报批后执行。年度实施计划和预算的项目内容与开发基本计划和预算基本相同。但要求更详细、更具体，必要时需编制出各单项工程的具体细目，以利于计划的落实和控制。

3. 合作油（气）田生产计划和预算

在油（气）田的总体开发方案中确定了油（气）田的地质储量和可采储量、油（气）田的生产规模、生产期限，以及逐年的产量（生产）曲线。油（气）田建成投产后的作业者可以预测的可采储量、设计生产能力和生产期限内各年度的油（气）产量，以及合同基本经济结构、计算合作双方应得的产量，编制生产作业费（生产成本）计划。基本生产计划和预算是进行油（气）田经济评价的依据之一，也是安排各年度生产计划和预算的依据。

作业者根据当年油（气）田的实际生产能力、油（气）田生产井的生产动态等来编制下一年度的生产实施计划和预算，提交联管会讨论通过，经报批后执行。生产实施计划和预算的内容包括：

（1）和生产作业直接有关的费用

①地面生产作业有关费用如生产设施的维护检修费及器材零配件费、油品处理化学药剂及油品运销费、井喷油污及设备保险费等。

②井下作业有关费用如钢丝作业、修井作业的劳务费以及有关的器材零配件费等。

③直接生产人员费包括采油工程师、工人及服务厂商的人员费。

（2）管理费包括现场管理费和上级管理费，前者指作业者机构的费用。后者指油（气）田上级管理机关的人员费及经费。一般采用按比例分摊的办法列入油（气）田预算。

三、对外合作计划的执行

1. 作业者实施计划中的权利

经国家石油气公司审批的计划，作业者在执行过程中，在不改变原计划所要求实现的目标的前提下，有以下的机动权：

（1）实施已批准的单项预算（如钻一口井）时，如果预算超支，其超支额不能大于原预算额的 10%。作业者分季度将每项超支额汇总报联管会确认。

（2）为有效地实施石油作业，作业者可以在未经批准的情况进行一些没有列入工作计划和预算、其金额不超过 10 万美元的单个项目，但在发生支付后的 10 天以内，作业者应报告联管会，并由联管会确认。在紧急情况下，作业者可以根据实际需要开支应急费用，但应在开支发生后立即报告联管会。

（3）日历年度内如发生超年度预算时，其超出部分不得大于原批准日历年度预算的5%。若预计可能大于5%时，作业者应在支付前向联管会陈述理由经联管会批准后方能支付。

（4）前述的1、2项的超支或计划外开支，如经联管会确认为不合理的超支或开支，则作业者在该日历年度内不能再次发生超支或开支，对确认为不合理的超支或开支，联管会应组成一个专家小组作进一步调查，在年底会计决算以前确认这些超支或开支费用是记入联合帐薄，还是由作业者自己负担。

2. 中方对计划的监督和配合

合作区的计划和预算管理工作，关系到中外双方的经济利益，在外商担当作业者的情况下，加强对合作项目计划和预算的审查、监督和管理是控制投资和生产成本，提高投资效益的关键所在，作为国家石油气公司代表的地区石油气公司，在执行计划过程中，主要应抓好三个基本环节，即审查其内容，监督其执行，考核其完成。为此，要做好以下几方面的工作：

（1）建立一个强有力的组织机构，配备好有一定素质的人员。

①中方对计划和预算的管理工作实行总部（国家石油气公司）和地区石油气公司两级管理。总部行使年度计划和预算的批准权和必要的否决权，并负责对地区公司加强计划和预算管理的指导、协调和服务。地区公司全面负责对计划和预算的审查、监督和日常管理工作。

②地区公司明确一个对外合作管理的归口部门，负责计划和预算的综合管理工作，并由一名主管领导负责，抓好各专业代表的分工、配合。

③地区公司要按照人员配备和任务相适应的原则，在联管会内或相关部门，充实责任心强，精通本专业业务，熟悉经济、财务业务，并有一定外语水平的人员来管理计划和预算工作。

（2）明确对计划和预算的审查要点。

①计划项目和进度安排是否符合石油合同有关条款或补充协议的要求。

②预算和工作量计划所列项目（包括工作订单项目及其进度的安排是否吻合。

③预算编制依据是否合理。特别是人员费用、经营管理费用（机构编制、人员结构、费用标准等）、母公司及其关联公司技术协助费、上级管理费等。

④勘探、开发和生产交叉进行的经营管理费分摊是否合理以及勘探、开发和生产三个阶段的费用划分是否同时符合下面两个条件：一是发生的时间，一定要遵循某一阶段开始后发生的费用，才能计入该阶段的费用；二是费用性质，一定要严格按勘探、开发和生产的费用性质划分清楚。

（3）严格掌握对计划和预算的审批程序。

①中方代表在收到作业者提交的工作计划和预算的初稿后，要尽快将副本送地区公司计划和预算管理的归口部门及主管领导，并提出内部的初审意见。

②地区公司负责计划和预算管理的归口部门在收到由联管会中方代表转交的作业者提出的工作计划和预算的一定期限内，由主管领导组织有关部门进行讨论，提出初审意见。

③联管会的中方代表在综合了地区公司和总部对作业者提出的工作计划和预算的初审意见后，与作业者一道召开专家小组会和联管会进行讨论，并正式通过。

④地区公司在联管会通过后的七天内将工作计划和预算上报总部，同时提出请总部强调和支持的问题，由总部按合同规定的期限审批。

（4）加强对年度计划和预算执行的监督管理。

①加强项目管理对合作项目工程设计及修改的监督，参与采办

及招标是控制投资，提高效益，维护中方权益的重要环节。因此为实施油（气）田开发而成立项目组内的中方代表要积极发挥应有的作用，及时向中方的主管部门和领导反映项目计划执行情况和存在的问题，研究应采取的对策和措施。

②控制好外籍人员和有关外籍雇员的人员费用要严格按商定的机构规模和人员编制，控制人员数量，使之与年度工作任务相适应；要搞清和确定人员费用标准（包括基本工资、各种津贴项目等）和每年调整指数，要注意外籍人员和雇员的工资等级是否与其实际担负的工作相适应；要尽可能多地提高中方雇员的比例和费用比重，确定开发、生产阶段的中外双方的人员比例、定额指标等。

③控制外方作业者的母公司和关联公司的技术协助费用要按合同有关条款规定，严格掌握上级管理费与技术协助费的界限，避免作业者以技术协助费的名义多收费。尽量压缩工作订单的数量和比例，坚持双方内部协商，凡中方能够承担的项目，由中方提供订单服务，工作订单程序应规定：每一个具体工作订单，必须同时有中方代表的签字才能发出，每一笔有关的付款，必须附有符合要求签发的订单副本，凡是由外方作业者母公司和关联公司完成的工作订单项目，其所有的工作成果（包括地质研究、油藏评价、工程设计、完井报告等等）都必须完整地提交给中方一份。

④控制好外方作业者母公司的上级管理费和石油作业各阶段的经营管理费，严格按合同（或补充协议）规定的分摊办法进行合理分摊。

⑤严格开发和生产阶段的筹款管理根据双方商定的具体筹款程序，作业者发出的月度筹款通知单（勘探、开发和生产交叉进行的合作区，应分别列出各项目费用的筹款额），联管会中的中方代表应会同计划、财务等有关人员，结合年度计划和预算及以前月度的报表，认真进行审核，发现问题应由中方代表以书面方式提出意见。作业者向双方的筹款，必须以联合帐薄的名义独立开户，并应按月

将银行存款的利息收益计入联合帐薄。

⑥对年度工作计划和预算执行情况应认真分析，联管会的中方代表每月应督促作业者及时编制上月的会计月报，提交中方上级主管部门。每年 6 月和 12 月的月报，应附有对上半年和全年工程进度和投资完成情况的总结。项目竣工后，中方代表要督促作业者及时编制项目总决算，报中方有关部门审核。

（5）加强信息交流及反馈工作计划和预算管理必须上下结合，一致对外，特别是在进入勘探、开发和生产交叉进行阶段，任务更艰巨，要求更高，工作更细，必须及时总结，加强信息交流和反馈工作。首先，联管会的中方各专业代表或专家对计划和预算的执行情况，应会同中方有关管理部门定期交流总结，发现问题，及时研究，并按每阶段监督管理的重点，要求作业者正确执行合同，保护中方的经济利益。其次，发挥中方审计的作用。石油合同规定在每一日历年度结束后，非作业者一方有权审计作业者的联合帐薄的全部会计记录，并规定在某一日历年度期间由于某种特殊需要，可以对作业者的联合帐薄的会计记录进行专题审计。中方利用这一权利，可以对作业者行使有效的监督和控制。通过审计，一方面对计划和预算的执行作出客观的分析，提出合理的建议，有利于作业者加强这方面的管理。另一方面对审计中发现的问题，及时向中方有关部门反映，有利于改进和完善控制监督体系。

第五节　对外合作项目的经济效益评估

一、经济效益评估的重要性

海上石油开采既然是一项风险性事业，因此在对外合作中，无论就资源国政府的政策和目的，还是外国石油气公司的目的而言，经济利益的分配始终是双方合作的核心问题，并把它作为进行决策的主要依据之一。

就我国政府来说，对外合作开采海上石油，目的是要利用外国资金和技术来加快海上石油工业的发展。尽管勘探的风险是由外国公司承担，但是勘探一旦获得商业性油气，我们不仅要偿还全部勘探费用，还要参与投资共同进行开发。就外国石油气公司来说，他们冒着风险到中国来投资开采石油，目的也是为了获取高额利润，并能得到稳定的石油供应。因此，无论是中方或外商，在对外合作的整个过程中，都十分重视经济效益的评估。双方合作前，对整个勘探开发项目的经济效益要进行充分而审慎的早期评估。在合作以后，随着勘探、开发和生产过程的进展，经济评估将在实践的基础上不断的进行。这种不断的评估，对已发现的油（气）田的商业性价值的确定，对最佳开发方案的选择、甚至对将为合作项目进行贷款的银行来说都是不可缺少的。

根据对不同阶段经济评估的结果，我们将采取相应的对策，既使中方能获得最佳经济效益，又要使外商有利可图，这样才能更多地吸引外资，不断扩大对外合作的成果。

二、经济效益评估的方法和基础

1. 经济评估方法

由于海上石油勘探、开发和生产的合同期长，不确定因素多，这就给经济效果的预测带来了很多复杂性。因此，国际上进行海上石油勘探开发经济效益评估的方法也多有不同。但归纳起来不外乎以下两种：一种是静态经济评估法，另一种是动态经济评估法。两种方法的基本区别在于后者考虑了货币收支的时间因素。因而动态评估法已成为目前国际上最通行的一种方法，

在海洋石油第一轮招标经济评估中，根据预测的油田规模，单井产量、勘探及开发进度、所需投资、逐年产量以及通货膨胀率、

油价涨落和贷款利率等经济参数变化因素，运用折现原理，以现金流通表为基础，来分析合同经济效益，预测双方收入分配比例等。以上预测的各项评估参数，含有极大的不确定性，到中、晚期阶段，将在实践中不断修正，往往会与早期评估的结果差异很大。但无论是早期评估或是中、晚期评估，各阶段评估的步骤和方法、所使用参数和评估指标体系基本相同，只不过各项参数值有所修正而已。

2. 经济评估的基础

经济评估是在地质评估、油藏评估和工程评估的基础上进行的。这三项评估的准确程度，直接影响到经济评价的结果。而经济评估的结果，又要及时反馈到上述三项评估中去，并按经济效益的原则，对其预测方案进行修改、补充，以选择最佳方案。

（1）地质评估。地质评估是对合同区的石油地质的基本条件（即：圈闭条件、生油条件、储油条件、保存条件、油气藏开发条件）加以研究，进行区域的和局部圈闭的含油气远景分类排队，并在此基础上对局部圈闭进行远景储量预测，为下一步的油藏、工程和经济评估提供依据。地质评估一般分两步进行。

第一步，对局部圈闭进行含油远景综合评估。评估要素包括上述五个基本条件的八个方面，即圈闭面积，圈闭幅度，圈闭类型，油源条件，储层条件，保存条件，晚期断裂活动，直接短类显示等。对每个局部圈闭按八个方面单项评估计分，并根据总分将局部圈闭进行含油气远景分类排队。

第二步，预测局部圈闭远景储量。选用的公式如下：

远景地质储量 = 圈闭面积 × 面积充满系数 × 油层厚度 × 单储系数

预测储量，选准计算参数对地质评估极为重要。为此，应该参照已发现油田的资料，结合各局部圈闭的具体地质条件，合理确定计算参数。

为使预测的资源尽可能地接近地下客观实际，除了用上述方法对每个局部构造逐个进行评估计算外，还应选用其他储量评估方法，进行印证、对比，来优选最为可靠的远景地质储量。为了适应将来可能发生的变化。应按外商和自己评估结果，对每个区块预测一个储量规模的范围以及通过勘探工作预计能找到的商业性油田数量和储量。在以上预测的基础上，计算出合作探区的工作量及其相应的费用。

（2）油藏评估。油藏评估主要是在地质评估的基础上确定可采储量、生产井网和井数、注水井数、单井产量、年产量和采油速度等6个指标，绘制5个方面的不同的关系图表，即：

①采油速度与开发时间关系曲线。

②工业采出程度与开发时间关系曲线。

③工业采出程度与综合含水关系曲线。

④不同井距的单井产量与采油速度关系曲线。

⑤合同生产期末工业采出程度和含水百分数对比表。

根据上述图表便可以看出采油速度与稳产时间长短、产量递减情况、工业采出程度以及达到高峰产量期所需时间长短等关系，从而优选出比较好而又有可能出现的采油速度和井距，以决定开发方案。

（3）工程评估。工程评估是在地质和油藏评估的基础上进行的。它所采用的主要参数有：构造面积、水深、生产井井深、井数、可采储量、最高单井产量、生产曲线及自然地理条件如海况、气象、土质、交通等。

工程评估的主要内容：

①开发工程量的确定。根据开发方案，以地质构造为单位，在每个构造上布置一套或多套油气集输和储运系统，确定开发建设工程量，包括平台、生产设施和储运设施等。

②开发工程量的分年进度安排。

③勘探投资的测算。勘探投资包括直接和间接费，其中直接费

包括地震、探井和评估井费用以及开发评估费用三部分。间接费取直接费用20%。

④开发投资的测算。包括各项开发工程的直接费、间接费和不可预见费等三部分。直接费包括平台建造、生产井（钻井和完井）、生产设备及设施、储运设施（包括单点系油、储油装置、集输管线）以及科研、培训、生产准备等费用。间接费按直接费的10%收取；不可预见费按直接费（不包括钻生产井费用）和间接费总数的25%计算。

⑤生产成本的测算。就是对油（气）田建成投产后的生产费用进行预测。在一定的可采储量和生产井数下，不同的生产储运设施，生产成本也不一样。在评估时要对不同的设施方案进行比较，择其最佳方案。

⑥不同方案的对比分析。在工程评价中对不同方案的勘探投资、开发投资、产量以及单位可采储量所需的开发投资、单位产量的生产成本等进行综合对比分析。

三、综合经济评估的内容和指标体系

综合经济评估是在汇集地质评价、油藏评价和工程评价的技术经济参数以及对油价、通货膨胀、贷款利率等经济参数进行预测和选择的基础上进行的。根据海洋石油第一轮招标的合同经济模式和国家有关税法的规定，设计了一套以编制现金流通表为基础的综合指标体系和全套计算机程序。

1. 现金流通表

现金流通表一般是用来反映一个投资项目在整个合同期内逐年资金量的流出和流入的活动情况。在与外商合作开采石油方面，还要反映中外双方各自的资金量的流出和流入。因此，合作项目的现金流通表应包括四个部分，即：

（1）现金流出部分包括外商的勘探投资、开发投资和中方的开发投资，并按合同投资发生起始年份外汇计算的金额，按投资发生年份根据逐年通货膨胀率系数折成当时的票面值（时值）。

（2）产量和产值部分即在油田投产后逐年的产量以及按当时的原油价格折算成产值。

（3）收入分配部分按合同经济模式的收入分配方法，根据逐年产值分别列出逐年中外双方各自的收入，包括外商应缴的所得税。

（4）净现金流动部分用以计算中方和外商的盈利率和净现值。此外，在现金流通表中，也列入了逐年的生产作业费，这部分实际上是双方的成本费用，所以不计入双方的流出或流入量内。

2. 综合指标体系

从现金流通表和原油分配表归纳为整个油田合同期的以下九项综合指标：勘探投资额，是指外商独承风险的勘探费用；开发投资额，包括中外双方各自承担的投资额；总产值和总产量以及双方各自的毛收入和占总产值的比重；纯收益（即扣除成本后的净利润），包括中外各自的纯收益以及占总产值的比重；中方、外商纯收益比；投资回收年限；中方、外商投资利润比；中方、外商盈利率；中方、外商净现值（按15%折现率）。

从以上九项指标（除原油和净现值外，还分别按票面值和基础年实际值表示），可以进行各种经济分析比较，作为决策的依据之一，特别是作为衡量整个合同期内总产值和总产量的双方毛收入的分配比例，衡量整个合同期内纯收益（即经济效益）占总产值的比重以及双方各占总产值的比重和中外纯收益比是否可取，衡量外商盈利率和净现值是否合理。

3. 全套计算机程序

根据合同经济模式，将要评价的经济指标编成计算机程序，输入有关数据进行运算，求出基础方案各项经济指标值。

4. 敏感性分析

由于经济评价所用参数大部分都是预测的，特别是在早期评价阶段，这些参数具有极大的不确定性，为了较好地处理这些不确定因素，对影响经济效益的主要因素定出一定的变化范围来进行敏感性分析，是十分重要的。

影响经济效益的主要因素有以下四个方面：

（1）油田的可采储量及采油速度，亦即储量规模。

（2）海况，水深，井深，单井日产量，生产作业费等因素，这些因素最终都表现在勘探开发投资额的多少。

（3）通货膨胀率和油价。

（4）投产时间的快慢。

对以上这些因素，要选定其变化范围值分别输入计算机，测算其对项目经济效益的影响程度，以便提出应变的措施，保证合作目标的实现。例如在早期评估阶区对每个区块的潜在油田的可采储量，一般采用了 5 个数据，即最大值、高范围值、可能值、低范围值和最小值，并以可能值作为基本方案。对勘探投资是按每个区块的地震测线和打初探井的最低数量加上各潜在油田开发后应打的评数作为基础的；开发技资的基本方案是按每个潜在油田不同可采储量的开发工程评估计算的。在油价方面，除将基础油价作为基本方案的计算依据外，还根据油价上涨率的基础每年上涨和下跌的百分点作为敏感性分析的上下限。另外还考虑了两个极端情况，一是最不利的情况，即投资增加，同时油价下跌；一是最好的情况，即投资减少，同是油价上涨。通过多种方法测算，以范围值来衡量经济收益的高低。

四、油（气）田开发经济评价和投产后的再评估

油（气）田开发经济评估是按单个油（气）田进行的，其评估方法和指标体系和早期评估基本相同，但在内容上有以下特点：一是对已发现的油（气）田进行经济评估所得到的各项技术、经济参数是实际的或接近于实际的（如可采储量、单井产量、工程量及其

投资），或者是在新的变化了的基础上重新进行预测（如通货膨胀率、油价等）。因而这些评估参数预测的不确定性程度要大大小于早期评估阶段的预测。二是油（气）田的开发决策基点是建立在为开发该油（气）田所投入的开发投资本息在合同生产期内得到回收之上的，也可以把发现该油（气）田所发生的勘探技资本息加进去一起测算。至于整个合同区块内除该油（气）田的勘探投资以外的勘探投资一般视为沉没资本。因此，一个具有商业价值的油（气）田，经评估只要在合同生产期内能保证双方投入的开发投资本息得到回收，并在此基础上达到内部盈利率的目标就可以决定开发。

在油（气）田建成投产一年以后，还要对该油（气）田的经济效益再一次做出评估（简称后评估），验证油气田总体开发方案的目标，总结经验，暴露问题，提出进一步提高该油（气）田经济效益的途径和措施。这个阶段经济评估的前提条件更接近实际，有的已经确定，如开发投资是实际发生的决算数；有的是在新的认识基础上重新预测，如可采储量是根据油田投产后，至少一年的实际生产数据重新计算的，油价也是按当前国内外市场需求变化重新预测出来的。因此，影响油（气）田最终经济效益的不确定因素也越来越明朗了。

总之，经济评估工作贯穿在合作开采石油的全过程。从新区的开辟到勘探的转折时期，从制订油（气）田开发方案到影响油（气）田经济效益的各项技术经济参数发生重大变化的时刻，在各个不同阶段，不同范围内，根据不同的精度要求，应进行各专项的经济评估工作，以保证合作项目的经营方向和目标的实现。